U0690856

2020

# 中国农业科学院农业经济与政策顾问团专家论文集

### 顾问团秘书处

中国农业出版社

北 京

# 编　委　会

主　　任：万宝瑞

副 主 任：梅旭荣

委　　员：王晓举　袁龙江　王加启

主　　编：孙东升

副 主 编：黄丽江

　　2020 年是极不平凡的一年。这一年，新冠肺炎疫情蔓延全球、贯穿全年，国内外形势发生深刻变化，全国人民在以习近平同志为核心的党中央坚强领导下，应变求变、攻坚克难，疫情防控、国民经济社会等各项工作取得显著成效，脱贫攻坚取得决定性胜利、全面建成小康社会完美收官。这一年，中国农业科学院在习近平总书记贺信精神、"四个面向"要求指引下，努力克服新冠肺炎疫情不利影响，坚持"两不误、两手抓、两手硬"，加快推进各项重点工作任务落地落实，农业科技创新成果丰硕，支撑脱贫攻坚成绩斐然，有效发挥了国家农业科技战略力量的作用，作出了应有贡献。

　　2021 年是中国共产党成立 100 周年，也是"十四五"开局之年。作为农业科技创新的"国家队"和"排头兵"，中国农业科学院坚持以习近平新时代中国特色社会主义思想为指导，持续贯彻落实习近平总书记贺信精神，坚持"四个面向"，坚持创新核心地位和农业科技自立自强，做强国家战略科技力量，支撑引领乡村振兴，服务农业农村现代化。

　　中国农业科学院农业经济与政策顾问团作为中国农业科学院宏观战略研究的重要力量，在国务院领导的关心和支持下，各位顾问专家紧紧围绕党中央国务院关心的农业农村现代化迫切需要解决的重大理论和现实问题，深入调查研究，积极建言献策，发挥决策参谋作用，2020 年又取得了一批新成果、新成绩。在专家咨询建议报告中，得到国务院领导重要批示 4 次，得到部级领导批示 8 次，还编辑出版了 2019 年顾问团专家论文集一部，很好地发挥了农业高端智库作用。

为方便查找和使用，顾问团秘书处收集整理了 2020 年领导批示的政策建议、顾问团专家论文、《判断与思考》简报专家文章等，汇编成集并出版。论文集包括 2020 年顾问团向胡春华副总理的工作汇报及其他 3 个部分：第一部分收录了顾问团得到国务院领导及有关省部级领导批示的政策建议 8 篇；第二部分收录了顾问团专家论文 8 篇；第三部分收录了《判断与思考》简报专家文章 5 篇，在此一并呈献给大家，供交流参考。

祝各位顾问专家在新的一年里，身体健康、家庭幸福、工作顺利、多出成果！

中国农业科学院院长
中国工程院院士

2021 年 2 月

# [目 录]

# 一、领导批示的政策建议

# 二、顾问团专家论文

# 三、《判断与思考》简报专家文章

# 附录

# 2020 年中国农业科学院农业经济与政策顾问团向胡春华副总理的工作汇报

胡春华副总理：

中国农业科学院农业经济与政策顾问团是在家宝总理、良玉副总理的关心支持下，于 2005 年 12 月成立的。目前，顾问团共有成员 15 位，顾问团团长由万宝瑞同志担任，秘书处设在中国农业科学院。顾问团成立以来，紧紧围绕党中央、国务院关心，地方政府迫切需要解决的重大问题进行深入调研，积极建言献策，得到党和国家领导同志的高度重视和多次批示，发挥了决策咨询的智库作用。

2019 年，在您亲自关心和支持下，顾问团专家紧紧围绕党中央、国务院关心，农业农村现代化迫切需要解决的重大理论和"三农"发展现实问题，深入实际、调查研究、积极建言献策，取得了一批新成果。在 12 份专家咨询建议报告中，8 份得到省部级以上领导批示，其中《当前粮食生产喜忧思》《粮食"不愁吃"的保障机制存在明显短板》得到了您的重要批示。另外，顾问团还出版了 2018 年顾问团专家论文集一部，得到了有关政策部门充分肯定，较好地发挥了农业经济与政策研究高端智库的决策咨询作用。

2020 年是我国全面打赢脱贫攻坚战收官之年，是全面建成小康社会、进入创新型国家行列的目标实现之年。今明两年，顾问团继续围绕打赢脱贫攻坚战、全面建成小康社会、实施乡村振兴战略、发展现代农业、保障国家粮食安全、促进农民增收等方面存在的突出问题开展研究。重点关注脱贫攻坚与乡村振兴的有效衔接、农村同步全面建成小康社会、乡村振兴的政策和投入保障、新形势下的国家粮食安全、中美贸易摩擦背景下的国内农产品竞争力提升等方面内容。同时，中国农业科学院借助顾问团力量，将继续发挥农业农村经济和政策方面的宏观战略研究优势，加快推进落实"两个一流"建设、服务现代农业建设主战场等重大任务，为确保我国农业丰收、打赢脱贫攻坚战、农村同步全面建成小康社会，继续发挥决策支撑作用。

过去的一年，顾问团取得了一些成绩，主要是国务院领导给予关心和指导的结果。今后，顾问团将一如既往地为党中央、国务院做好服务，为农业和农村工作献言献策，盼望您继续关心和指导顾问团工作，如需顾问团承担任务，请指示。

中国工程院院士
中国农业科学院院长

国家食物与营养咨询委员会名誉主任
农科院农业经济与政策顾问团团长

万宝瑞

2020 年 3 月 18 日

**2020**

# 一、领导批示的政策建议

# 双蛋白营养干预是脱贫攻坚一条新路

## ——云南省维西傈僳族自治县
## 健康扶贫试点报告

王加启　王　靖　宁亚宁　王东阳

张婧捷　任广旭　韩　迪　孔凡丕

目前，脱贫攻坚已到了决战决胜、全面收官的关键阶段。扶贫战役中，因病返贫的形势严峻，多方面的数据显示，因病致贫、因病返贫的人口占贫困总人口数的 40％以上。

健康扶贫是脱贫攻坚战中的一场重要战役，因病返贫、因病致贫是扶贫"硬骨头"的主攻方向。因此，寻求解决因病致贫返贫的有效方法，是解决我国脱贫攻坚过程中重大而艰巨的任务。

## 一、解决因病致贫、因病返贫是打好脱贫攻坚战的关键

国家卫健委数据显示，我国建档立卡贫困户中，因病致贫、因病返贫的比例均在 42％以上。因病致贫、因病返贫已经成为贫困的主要原因。在患病的农村贫困人口中，年龄在 15～59 岁的占农村贫困人口的 40％以上，他们基本上都是所在家庭主要劳动力。患病不但要发生治疗费用，还会因为丧失劳动能力而直接影响创收，使家庭陷入贫病交加的境地。

在贫困地区，营养健康长期受社会经济发展水平、人口老龄化、不健康生活方式等影响，因食物供给不平衡、贫血、消瘦、营养不良、儿童生长发育迟缓等营养问题的突出表现，不仅使贫困人

口身体健康受损，而且给脱贫工作带来不利影响。因病致贫返贫的几种主要原因如下。

## （一）经济基础薄弱，防病治病能力较弱

我国贫困地区和广大农村地区，农民收入有限，医疗支付能力不足，加大了贫困的脆弱性。据国家统计局数据显示，2018 年，全国居民人均可支配收入 28 228 元，其中，城镇居民人均可支配收入 39 251 元，农村居民人均可支配收入 14 617 元，二者相差 2.6 倍。对于刚刚越过温饱线的低收入家庭或贫困地区农村人口来说，遇到大病冲击时往往难以应对。

## （二）农村医疗保障制度不完善

目前，新农合筹资主要依靠各级财政补助，个人缴费占比不足 20%；筹资标准和年增长额度未与农村人均纯收入等反映经济发展水平的指标挂钩，标准设置还不尽合理；总额控制、按病种付费、按 "人头项目" 付费等复合型付费方式尚未全部建立起来，完善约束激励机制，调动定点医院、医生控费和进行成本核算的积极性等方面还有很多实际工作要做。

## （三）贫困人口营养摄入量不足，存在不合理膳食模式

虽然我国城镇居民的营养状况得到了明显改善，但是我国贫困人口中营养不良的情况依旧大范围存在。贫困地区特困和高龄老年人群优质蛋白质摄入不足，孕妇、乳母和儿童早期营养问题比较严重，普遍存在高盐高油的不合理膳食模式。贫困人群从食物中摄入的热量、蛋白质等难以满足人体需求，生长迟缓、低体重、贫血等营养不良的发病率仍然较高。

云南省迪庆藏族自治州维西傈僳族自治县是国家 "三区三州" 深度贫困地区之一。维西傈僳族自治县建档立卡贫困人口数占迪庆藏族自治州的 53.6%。2017 年底，维西傈僳族自治县共有建档立

卡户 9 153 户 32 670 人，因病致贫 824 户 2 944 人，具备典型的因营养缺乏、营养结构不合理导致贫困的样本特征。基于上述情况，我们与云南省维西傈僳族自治县政府合作，确定维西傈僳族自治县作为试点县份，并选取了攀天阁乡美洛村开展双蛋白营养干预试点。美洛村慢性疾病患者比较多，其中，因病致贫 6 户 25 人，因残致贫 13 户 56 人，因学致贫 7 户 31 人，2018 年被列为深度贫困村。贫困与患病呈正相关态势。

## 二、双蛋白营养干预健康扶贫效果

《国民营养计划（2017—2030 年）》中指出，把贫困地区营养干预行动纳入重大行动，将营养干预纳入健康扶贫工作，实施贫困地区重点人群营养干预等。

2019 年初，农业农村部食物与营养发展研究所与云南省维西傈僳族自治县政府合作，开展"中国特色双蛋白工程——精准营养干预"健康扶贫行动，进一步提高"直过民族"贫困人群营养健康水平，让贫困群众少生病、少看病，减少就医费用发生率。从根本上改变"一人生病全家返贫"的现象，助推维西傈僳族自治县打赢脱贫攻坚战。该行动主要向维西傈僳族自治县攀天阁乡美洛村贫困人群免费提供双蛋白食品，开展为期 3 个月的营养干预，采用自身对照研究对村民服用双蛋白食品前后的体检结果进行统计分析，发现双蛋白营养干预能显著改善村民健康水平，具体表现如下。

### （一）双蛋白营养干预增加体检正常人数

双蛋白营养干预前在维西县美洛村选取 100 位村民进行体检，发现其中只有 8 人体检正常，其余 92 人均患有不同程度疾病，包括高胆固醇血症、高尿酸血症、甲状腺疾病、心脏疾病、高血压、脂肪肝等。服用双蛋白食品 3 个月后，健康人数增加至 16 人，与干预前相比有显著性提高。

## (二) 双蛋白营养干预改善心血管疾病危险指标水平

血清总胆固醇偏高、低密度脂蛋白偏高、载脂蛋白 B 偏高、高血压和载脂蛋白 $A_1$/载脂蛋白 B 值偏低等可增加心血管疾病发病风险。双蛋白营养干预前，总胆固醇偏高有 42 人，干预后降至 13 人，降低 69.05%；低密度脂蛋白平均值从（2.99±0.82）毫摩尔/升降低至（2.79±0.80）毫摩尔/升，降低 6.72%；载脂蛋白 B 平均值从（1.01±0.23）克/升降低至（0.76±0.23）克/升，降低 24.75%；载脂蛋白 $A_1$/载脂蛋白 B 值从（1.48±0.68）升高至（1.89±0.78），升高 27.70%。在对血压的检测中发现，双蛋白营养干预前后，收缩压无显著性差异；舒张压从（80.55±11.59）毫米汞柱降低至（77.75±11.18）毫米汞柱，降低 3.48%。

## (三) 双蛋白调节免疫相关指标

血液中的血清球蛋白、血清总蛋白，淋巴细胞、单核细胞、中性粒细胞、白细胞等与机体免疫密切相关。我们分析了相关指标发现，双蛋白干预前后，村民血清球蛋白从（32.51±3.401）克/升增加至（37.87±3.648）克/升，增加 16.49%；血清总蛋白从（78.06±3.900）克/升增加至（80.12±4.048）克/升，增加 2.64%；血常规检测中，淋巴细胞数量从（1.80±0.50）$\times10^9$/升增加至（2.01±0.54）$\times10^9$/升，增加 11.67%；单核细胞数量从（0.36±0.11）$\times10^9$/升增加至（0.40±0.11）$\times10^9$/升，增加 11.11%。这些指标的变化，说明双蛋白对调节免疫功能发挥重要作用。

## (四) 双蛋白营养干预升高糖化血红蛋白水平

糖化血红蛋白是血中葡萄糖与红细胞血红蛋白相结合的产物，可反映过去 2～3 个月的平均血糖浓度，不受每天血糖波动的影响，其正常范围在 3.8%～5.8%，是反映血糖总体情况的指标。糖化血红蛋白过低，则表示患者易出现低血糖症状；糖化血红蛋白过高，则表示在过去 80～120 天，患者血糖控制不理想，可作为糖尿病患者的监测指标。双蛋白营养干预前后，村民糖化血红蛋白从（4.28±0.53）%增加至（4.57±0.53）%，增幅 6.78%。进一步统计分析发现，双蛋白营养干预前 17 人糖化血红蛋白低于正常范围，干预后有 13 人糖化血红蛋白升至正常范围，占比 76.5%。

综上所述，美洛村的慢性病村民在日常膳食的基础上摄入一定量的双蛋白食品后，高胆固醇人数减少了 69.05%，通过降低血脂、增强机体免疫力、调节血糖等改善村民营养健康水平，健康扶贫成效凸显。

## 三、有关建议

因病致贫、因病返贫问题是打赢脱贫攻坚战的难中之难，要通过"输血"与"造血"两个阶段进行营养干预来解决。

所谓"输血"，就是在短期内，针对当前贫困地区比较突出、急需解决的营养问题，采取针对性的干预措施，对孕产妇、儿童、低体重老年人等营养健康的脆弱、重点人群，尽快纠正由于营养问题造成的身体损害和疾病负担。

所谓"造血"，是通过长期科普教育以及规范化管理，培养群众自身良好的营养习惯，增强个人营养健康素养，同时促进和扶植地方食物营养健康产业的发展，使贫困地区的群众更方便地获得营养健康的食物供应。

为防止脱贫攻坚过程中的因病返贫问题，专家认为，双蛋白营养干预研究有新意，并非采用传统经济手段扶贫，而是通过改善劳动者身体健康素质，提升劳动能力来改善脱贫基础，为当前脱贫攻坚工作探索一条新路。建议有关部门对维西傈僳族自治县双蛋白干预健康扶贫经验进行总结，并因地制宜对适合双蛋白干预健康扶贫地区进行推广。

## （一）对"三区三州"重点人群实施双蛋白营养干预

"三区三州"中三区是指西藏自治区，南疆的和田地区、阿克苏地区、喀什地区、克孜勒苏柯尔克孜自治州四地区以及青海、四川、甘肃、云南四省藏区；三州是指甘肃临夏州、四川凉山州和云南怒江州，是国家层面的深度贫困地区。针对贫困人口、脱贫人口中营养健康脆弱、患病等的重点人群建立档案，对重点人群实施双蛋白营养干预，开展区域性的精准分类指导，推进实施"双蛋白工程"营养行动，做好双蛋白营养干预效果的监测和评估。

## （二）组织社会力量推动"双蛋白工程"营养干预行动

鼓励大型企业和公益组织积极参与到"双蛋白工程"营养干预健康扶贫行动中来，扩大和普及"双蛋白工程"在云南省的示范，推动"双蛋白工程"在国家深度贫困地区"三区三州"的健康扶贫工作，为如期全面打赢脱贫攻坚战作出更大的贡献。

# 经济发达主销区也要保持
# 粮食基本自给水平
## ——基于闽粤两省的调研

牛坤玉　普蒝喆　刘明月　秦　朗　张　琳　王国刚

张宁宁　胡向东　钟　钰　陈萌山　袁龙江　李思经

为深入了解我国经济发达的主销区粮食产销形势变化，研究如何建立主销区的粮食保障机制，中国农业科学院"中国粮食发展研究"课题组于 2019 年 11 月下旬至 12 月上旬，专门到闽粤两省开展调研。我们先后到了福建三明尤溪县、南平建瓯市和广东惠州惠城区、佛山高明区、江门蓬江区，与各级干部、技术人员、合作社负责人、种粮农户广泛交流，走访了 14 家粮食加工企业（经销商）、17 家粮食合作社（种粮农户）、6 个地方粮食储备库，召开了 8 次座谈会，并与两省农业科学院有关领导专家交换了意见。课题组白天在寒风冷雨袭来、冷暖频繁交替中调研，晚上会商，行程 4 839公里，没要求地方提供材料、提供汇报，主要采取深入基层面对面访谈，直接接受访谈的达 85 人。总的来看，进入 21 世纪以来，闽粤两省高度重视粮食安全，但在经济高速发展和城镇化加速推进的背景下，粮食生产没有呈现与全国同步的恢复发展态势，面积和产量持续下降，自给水平下降更多。可喜的是，水稻单产稳定提高，优质稻比重连年增加，市场购销旺盛，基本上满足了城乡居民的口粮需求。特别是形成了既增产又增效的水旱轮作、立体种养模式；既坚持稳定土地承包关系，又有一批多种形式的全程托管、环节托管、流转经营等粮食生产能力建设、粮食生产方式变革的创新模式和典型做法，为研究构建我国主销区粮食保障战略提供了有益的借鉴。

## 一、粮食产业涌现出一批新业态、新农人、新样板

闽粤两省高度重视粮食安全，推动"藏粮于地、藏粮于技"落地，把握产业规律做活粮食经济发展大文章。通过优化提升粮食品质、培育新型经营业态、推广生产新模式和新技术、创建现代粮食产业园等措施，提升了粮食产业化水平。

**1. 政府高度重视粮食安全** 两省积极落实国家粮食安全政策，陆续出台了针对地方实际的支持举措。福建每年投入 2 400 万元实施水稻绿色高产高效创建项目，补助种植大户、家庭农场、农民合作社等主体的物化投入、社会化服务和技术推广，以推进生产规模化、管理标准化、经营产业化。尤溪龙洋农机专业合作社社长告诉我们，2018 年，合作社获得水稻绿色高质高效创建项目补贴 66 万元，利用项目补贴抵扣对农户应收的托管费用，收割费用从 150 元/亩*降到 110 元/亩，机耕费用从 100 元/亩降到 60 元/亩，直接让利给农户，密切了农户和合作社的联结关系。广东提高种粮补贴额度，佛山高明的种粮补贴为 500～600 元/亩，南海种粮补贴达到 800～1 000 元/亩，远超出全国 100 元/亩左右的平均水平。同时，两省认真落实地方储备任务，探索政企合储、动态轮换、储加联动等模式，提升储备粮运作水平，储备规模完全达到国家要求，甚至还超过储备标准。按照尤溪 13 万的人口基数、每人每月15 千克、保证 3 个月市场供应量来算，储备规模约为 8 000 吨，但县级储备实际存储 11 200 吨。惠州把部分市级储备粮承储任务委托给规模大、信誉好、实力强的民营企业。当地粮食部门负责人告诉我们，政企合储模式能减少政府建库投入，也不需要承担轮换的

---

\* 亩为非法定计量单位，1 亩≈667 平方米。

价差亏损；民营企业在保证 100％库存量的前提下，可以按照品质和市场需求收购、随市轮换，保证粮食品质。江门创新储备粮轮换方式，实施储加联动，储备库与加工厂同址建设，轮出粮与企业需求无缝对接，便于动态轮换，更能在关键时刻发挥应急效果。

**2. 不断优化提升粮食品质**　两省科研单位创出了一批新品种、栽培技术，在农业供给侧结构改革中发挥了很好作用。广东成立丝苗米产业联盟，通过整合高等院校、科研机构和企业等各方资源，形成了丝苗米科研生产加工的一体模式，制定、发布了丝苗米品种标准、产品标准等，带动优质稻发展。2018 年，广东优质稻率达到 74.6％，当地人爱吃当地米，为口粮实现高质量自给奠定了基础。建瓯推广农业科研院所最新研制的南方籼稻和籼粳杂交优质品种，2019 年全县优质水稻占比超过 90％。建瓯坡田粮油发展有限公司总经理告诉我们，以往普通稻米不畅销、市场受挤压，现在种的优质稻，卖到 4～8 元/斤*的价位还供不应求，未来会进一步扩大规模。同时，两省以水稻全程机械化作业、病虫害统防统治绿色防控等关键技术为核心，集成一套高质高效、资源节约、生态环保的技术模式，推广稻田养鱼、烟-稻轮作、菜-稻轮作等耕作模式，提升粮食品质，带动增产增收。

**3. 培育出新型经营的业态**　尤溪龙洋农机专业合作社针对农户个性化诉求，提供菜单式服务，既有全程套餐托管服务，也有浸种、治虫、烘干、碾米等环节单点服务，作业面积 2 200 亩，随着其服务模式越来越得到周边村民的认可，该合作社计划 2020 年把周边村落全部覆盖。过香山米业有限公司直接入田收购、运送，有效缓解老龄化以及在外返乡收粮难的问题，把加工车间办在产地、服务农民；拥有 23 辆移动粮车，送货上门，居民反映"送货比顺丰还快"，把产品销在产地、服务居民。返乡创业的新农人不断涌现，他们用热情、思路、技术、干劲推动生产经营向信息化、市场

---

　　* 斤为非法定计量单位，1 斤＝500 克。

化、现代化迈进。惠州家粮农产品合作社理事长楚善芳原在省城做生意，2015 年返乡种粮，现带领 100 多位专业大户，经营面积超过 3 000 亩。建瓯建豪米厂老板的儿子是位"80 后"，勇于探索新型信息化网络销售方式，正与阿里巴巴合作，开展线上电子商务交易。建瓯瑞鑫粮食专业合作社 33 个社员中有 27 个是"80 后"，理事长机电大专毕业，把现代企业经营理念融入合作社管理中，机手持股激发积极性，机手农机双保险，避免农机作业意外事故带来损失。

**4. 耕作新制度、新技术春笋般涌现** 闽粤借助沿海开放优势，不断创新粮食经营模式。惠州海纳农业有限公司探索种养一体、立体种养模式，冬季收稻后灌水养鱼，到来年再次播种前可以收 4 次鱼，水稻收益占四成，鱼占六成，实现"千斤稻、万元田"。公司负责人告诉我们，这种模式比单独养鱼收益还要好，水稻为鱼提供丰富的天然饵料和良好的栖息条件，鱼又清除田里的杂草、害虫，鱼粪为水稻增加肥料，形成良性的生态循环。利用丰富的光热条件，建瓯瑞鑫粮食专业合作社积极探索水稻＋菜花（西蓝花）的水旱轮作模式，实行多季连种，2018 年人均蔬菜收益达到 20 多万元。另外，闽粤生产主体和技术支撑单位深度融合，用先进技术提升种粮效益。佛山种粮大户梁庆斌在广东省农业科学院的帮助下，用成熟技术打造富硒米，适应城乡居民吃得健康、吃得营养新需求，把农产品变礼品。广东省农业科学院两位专家常驻海纳农业有限公司惠州基地，指导作物布局和田间管理，提升产业园科学耕作水平，提高多产联营综合效益。

**5. 创建现代粮食产业园** 建设现代农业产业园是实施乡村振兴战略的重要抓手，广东将其列入省政府重点工作和省重点建设项目，每年印发现代农业产业园建设工作方案，计划于 2018—2020 年投入 100 亿元建设 200 个省级现代农业产业园。丝苗米是产业园的青睐对象，2018 年，梅州蕉岭、惠州龙门、惠州惠城等 7 个丝苗米产业园成功入围，占当年全部产业园数量的 14%，位列单品种入围数量首位。广东省财政厅直接对丝苗米产业园承建主体补助5 000万元，克服了以往层层下拨、效率不高的不足，增强了企业建园入园的主动性。佛山的现代粮食产业园面积1 600亩，辐射带动优质粮食种植6 500亩，开创了政府引导、市场主导、企业运营、农民受益、共享发展的创新建设模式和管理机制。惠州惠城区丝苗米产业园形成了"一心（丝苗米产业园核心）、两区（三产融合发展示范区、丝苗米原料生产区）、一聚落（产村融合发展聚落）"的空间结构，实现优质丝苗米全产业链转型升级。

## 二、闽粤地区粮食生产面临的问题既具有特殊性、也有普遍性，保粮稳粮任务艰巨

闽粤地区粮食综合生产能力低于全国平均水平，更低于主产区，面临粮食补贴政策不精准、涉粮资金整合不充分、国有粮食储备体制僵化、人才外流等与主产区相似的共性问题。同时，也有其特殊性，在经济发达、城镇化水平高的珠三角地区，相比其他产业，粮食比较效益更低，稳粮压力更大。

**1. 粮食综合生产能力提升缓慢** 进入21世纪以来，闽粤稻谷面积和产量双双持续下降，单产以及机械化程度低于全国平均水平。稻谷面积从2000年的122.2万公顷和276.4万公顷下降到2018年的62.0万公顷和178.8万公顷，分别下降49.3％和35.3％；产量从2000年的632.8万吨和1 423.4万吨下降到2018年的398.3万吨和1 032.1万吨，分别下降37.1％和27.5％。闽粤地区粮食生产"两高两低"的问题突出，即中低产田比例高、土地细碎化程度高、农业机械化水平低、单产水平低。尤溪、建瓯中低产田比例分别高达70.0％和76.1％，尤溪农业部门表示，如果进行中低产田改造，现有粮田单季亩产能达到600斤/亩以上。农业部门形容当地耕地的细碎化状况为"眉毛丘，斗笠丘，蛤蟆一跳跳三丘"，耕地细碎进一步带来土地流转难度增加、规模化水平不

高。建瓯市 30 亩以上的规模种植面积仅占 8.4%，江门 50 亩以上的规模种植面积仅占 10.0%，田块不集中进一步制约了机械化，尤溪农机中心反映由于田块分散，机械化发展难。在机械化方面，2018 年，广东单位耕地面积农用机械总动力为 4.63 千瓦/公顷，低于全国 7.20 千瓦/公顷的平均水平，位于全国第 19，福建仅为 0.77 千瓦/公顷，全国倒数第 3。2017 年，福建水稻机种、机插、机收面积占总播种面积的比重分别为 25.0%、25.0% 和 76.2%，广东分别为 17.7%、17.6% 和 91.5%，大多低于全国 47.5%、47.2% 和 88.5% 的平均水平，更低于主产区 57.5%、52.9% 和 91.9% 的平均水平。惠州横沥镇水稻种植大户甘志康、肖国民和楚善芳纷纷反映，发达地区种粮拼的是设备和技术，人工种粮基本是亏损，但由于规模不够大，贷不到款，买不起农机，目前他们种粮仍主要靠人工。惠州盈佳甜玉米有限公司的总经理林泽权谈到，机械化水平关乎粮食安全，没有机械推广，种地的会越来越少，摞荒会越来越多。闽粤水稻单产分别为 834 斤/亩和 772.8 斤/亩，在全国 31 个省份中分别位列倒数第 8 和倒数第 4，低于全国 940 斤/亩的平均数。调研的建瓯市、尤溪县、江门蓬江区、惠州惠城区及佛山高明区水稻单产水平分别为 884 斤/亩、1 064 斤/亩、696 斤/亩、692 斤/亩以及 800 斤/亩，有 4 个低于全国平均水平。显然，两省粮食综合生产能力提升速度要慢于两省在其他领域的发展速度，与其相对发达的经济发展水平形成明显落差。

**2. 种粮比较效益低、挤压效应更为凸显** 广东、福建等销区经济发展程度高、产业选择余地大。佛山农业农村局负责人告诉我们，在佛山，蔬菜、鱼塘的经营效益为 3 万元/亩，花卉为 4 万～5 万元/亩，而粮食怎么种都超不过 2 000 元/亩，只能更多靠行政手段稳定种粮面积。南海过去是粮食高产区，1997 年的全国早稻"五化"现场会就在南海召开，现在则遍地是花卉，仅剩下 1 万余亩粮食。种粮大户甘志康表示，现在种粮无非图两点，一是老人在家没事做种点口粮，二是粮食作物与蔬菜轮作防止病虫害。尤溪县洋中镇龙洋农机合作社李名旺反映，种粮基本上不赚钱，主要是地租侵蚀了政策红利和市场红利，土地流转费用高达 1 050 元/亩，该合作社的流转面积已从 2017 年的 500 亩减少到 200 余亩。尤溪的耀望合作社也从 2018 年的 800 亩降至 400 亩，合作社负责人周开跃告诉我们，"农民就是赚个放心米，合作社赚个农机钱"，他主要通过烟草和水稻轮作，用烟草赚得的利润来弥补水稻低效益。由于比较效益低，水稻都被挤压到了中低产田，我们从建瓯建豪米厂的工作人员了解到，农民好田种菜、劣田种稻。此外，广东省农业农村厅一位处长提及，省里已经把资金整合的权利下放到了县（市）一级，而由于比较效益低，粮食生产往往得不到地方政府的优先支持。可见，经济发达地区要稳定粮食面积和产量，面临困难更大。

**3. 粮食政策力度不足、精度不够、整合不到位**　2019 年 3 月以来，课题组先后走访 6 个省份，发现各地高标准农田建设普遍存在资金配套不足、亩均建设投入偏低的问题，虽然完成了国家规定的面积指标，但有的工程质量堪忧。高标准农田建设要完成道路工程（机耕路）、灌溉排水（节水灌溉）、农田输配电工程、土壤改良平整、农田防护与生态环境保持工程、科技服务及建后管护等全套项目，每亩至少要投入 3 000 元，但实际过程中很难达到这样的投入标准。尤溪农业农村局反映，目前资金分块管理，同样是农田基础设施建设，"发改"的粮食生产能力建设项目、"水利"的灌区项目、"农业"的高标准农田建设项目、"国土"的土地整理和土地复垦项目均有涉及，资金难以有效整合，使用效率不高。建瓯市农业农村局也反映，2018 年以前高标准农田建设资金由省农业综合开发办下发，亩均投资 3 000 元，且市县一级不用配套，从 2019 年开始由财政部门与农业部门联合下发，投资标准降为 1 600 元/亩，其中国家补贴 1 000 元/亩，省级配套 420 元/亩，市县配套 180 元/亩。同时，发展改革委下发的千亿斤粮食产能规划田间工程建设项目，投资标准为 1 307 元/亩。这两个项目要按照各自的任务要求完成建设内容，虽然建设面积大，但由于资金投入标准低，刚建成的高标准农田，往往不到 3 年就损坏了，反而造成财政资金浪费。因此，高标准农田建设不应盲目追求建设面积，要建一亩是一亩。

调研中，各地普遍对补贴不精准问题反映强烈。尤溪农业部门指出耕地地力补贴占到当地涉粮资金的 25%，但对粮食生产激励作用弱。现在的耕地地力补贴，纯粹是给农民发红包，迫切希望由到户改为到项目，以破解目前高标准农田建设资金不足的难题。同时，农机补贴也存在类似问题。江门市农业部门反映，在平原地带使用的农业机械，在丘陵地带不一定适用，而目前的农机补贴目录，从北大荒到海南岛是一个样，应该根据区域的异质性有所区别。尤溪农机中心工作人员说道，"好用机械不在补贴目录里，在目录里的不好用"。

**4. 农业农村人才匮乏问题同样严峻**　广东、福建的农村相比全国农村总体情况，人均收入高、人居环境好，但依然存在人才流失、不愿种粮的现象。尤溪洋中镇镇领导感慨道，"基础设施好了、路通了、灯亮了，人却没了，如今就连乡镇教师、医生都没人愿意当"。耀望农机合作社理事长说，"小孩整天看我们这么累，对种粮看都不看一眼"。尤溪农机中心主任林增效对谁来种田的问题充满忧虑，他说现在请工只能请到 55 岁以上的，而 60 岁以上的农机手无法购买工伤险和意外险，企业和合作社不敢雇佣，长此下去，种田后继无人的问题会更加突出。尤溪农业技术推广站林祁指出，农技推广队伍老化非常严重，目前推广站共有职工 317 人，其中 50 岁以上的农技推广员占 42%，40~50 岁的占 36%，本科生都不愿意来基层工作，只能招到一些专业技能相对不足的大专生。建瓯坡田粮油发展有限公司的总经理林昌盛表示，招不到合适的管理人员和财务人员是目前制约企业做大做强的瓶颈之一。

**5. 储备对生产的引导效应没有发挥出来**　现行托市收购没有做到准确分级论价，不区分品种和专用属性，实施统一价收购。建瓯建豪米厂的负责人陆建平说，"我们企业有十几种价格收购粮食，中储粮就一个标、一个价"。由于缺乏市场化的定价机制，往往收不到优质粮，储备库中的稻谷一般为三级稻。建瓯万佳生态农业发展有限公司负责人叶由第告诉我们，他们企业会将普通稻谷卖给国有粮食储备企业，优质粮则留给自己加工销售。在储存环节，也存在不同品种和质量的粮食混收混储、储存期长等问题。可见，国企收粮对接的是政策补贴，收储和管理机制无法满足市场和消费者的需求，带来严重的轮换负担，而民企则密切对接市场需求，不亏还有盈利。在广东推行的粮食社会化动态储备制度给出了很好的启示。动态储备是指政府给予一定的保管费、贴息以及轮出补贴，要求企业必须在任何时期保障库中粮食存量。海纳农业有限公司承担动态储备任务，其总经理告诉我们，国企轮换的价差亏损在 1 000 元/吨左右，且亏损逐年递增，而对于海纳农业有限公司来说，只要和市场有效对接，480 元/吨的保管费、贴息以及轮出费基本属于"白赚"。台山粮食购销公司一负责人告诉我们，台山的地方储备实施动态储备机制，储备库向上直接与种植大户对接，向下直接与加工厂合作，搞活了储备，打响了品牌，在保障粮食安全的同时，创造了更高的社会价值。我们访谈的承担动态储备的民营粮食加工企业均表示，他们的产品销售快、回款迅速，随加工、随销售，快则 3～5 天，慢则 10 天之内就卖出去，货款会在一周内回收。可见，只要监管到位，社会化的动态收储可以与国有储备相互补充、有效衔接，共同发挥保障粮食安全的作用。

## 三、压实销区粮食生产的思考与建议

闽粤两省粮食生产情况在一定程度上代表着全国主销区粮食生产的普遍情况。纵观 7 个粮食主销区，其粮食自给水平均不同程度下滑，21 世纪初 7 个主销区的平均自给率为 51.2%，到 2018 年仅有 17.8%。其中，下降幅度最大的为浙江省，从 71.4% 下降到 18.9%，福建从 2000 年的 61.6% 下降到 24.0%，广东从 141.7% 下降到 54.9%。相比之下，稻谷自给率下降略缓，广东从 102.8%

下降到 65.2%，福建从 115.9% 下降到 70.0%。实际上国家对主销区的要求是明确的、一贯的，而从两地粮食生产发展的实际效果来看，粮食调入逐年增加，给全国粮食安全保障带来了挑战、增加了压力。国家粮食安全从来不只是几个粮食主产区、几个主产省的责任，而是全国上下通盘谋划的全局性战略，要站在国家粮食安全战略一盘棋的高度统筹安排。主产区要压实粮食安全重担，多产粮、多供粮；产销平衡区要稳定粮食生产、确保区域供需平衡。主销区也要压实粮食生产责任，除京津沪外，坚持"一个基本"，就是保障城乡居民口粮基本自给。目前，中央对销区粮食生产的要求更加明确和具体，粮食销区要始终认识到自身应承担的粮食生产责任，加大政策支持强度，强化政策落实力度。

习近平总书记对 2020 年全国春季农业生产工作作出重要指示，强调主产区要努力发挥优势，产销平衡区和主销区要保持应有的自给率，共同承担起维护国家粮食安全的责任。充足的粮食产量与储备为应对疫情、保障社会稳定再次发挥了"定海神针"的作用。粮食主销区保持一定自给水平是顺应三个"需要"的必然要求，是降低自身购销风险的需要。面对非洲蝗虫、草地贪夜蛾等病虫害侵袭，以及社会公共卫生事件等的不确定性，我们必须稳定粮食面积与产量，赢得粮食丰收主动权。调研中，广东农业部门和相关企业都表示，不把自己的地种好，到关键时候有钱也买不到粮。1996年台海危机、1998 年特大洪水、2008 年冰冻灾害等事件都表明，经济发达地区社会稳定和产业发展离不开粮食。惠州粮食部门负责人回忆，2008 年冰冻灾害对广东的教训非常深刻，当年省里派出一位副省长去主产区采购粮食，但遭遇"热情接待，要粮没有"的尴尬局面。加上当地百姓爱吃当地粮，外地购销无法解决当地老百姓的消费偏好。所以任何时候，尤其是当前国内外复杂多变的新形势下，主销区都要怀着保障区域粮食安全的警觉性。主销区保持一定自给水平是分担主产区压力的需要。主产区扛稳粮食安全重任已经付出很大的财政代价、生态代价和资源代价，如果主销区轻视粮食自给就是把更多发展机会留给自己，将发展成本转嫁给主产区，对主产区欠失公平。确保主销区一定的自给水平是全国粮食一盘棋战略布局的必然要求，是夯实农业经济基础、促进经济社会协调发展的内在基础，也是实现主产区粮食生产长久可持续发展的外在条件。主销区保持一定自给水平是缓解生态环境压力的需要。粮食种植具有很强的生态外溢价值，稻田有调节洪峰、保持水土、涵养水源、消纳废物的功能，一亩稻田的降温效果相当于 100 台 5 匹的空调，有助于改善区域小气候，还能减缓因地下水开采引发的地面沉降问题。从闽粤两省的调研情况来看，主销区确保区域口粮安全完全有基础、有条件。两省农业部门一致认为，当地经济这么发达，粮食不能丢，发展粮食生产确保口粮安全是必要的，也是可以做到的。经济发达地区在市场经济发展的夹缝中给粮食生产探索出一条新路子，通过优化提升粮食结构品质、创新粮食生产新模式新技术、培育产业经营新业态、创建现代粮食产业园等创新举措，有效稳定了粮食生产、激活了粮食产业发展。另外，主销区农民也有充足内生动力发展粮食生产，种粮带来的稳定收入能够有效缓解经济作物的收入波动风险，粮食与经济作物轮作可以有效防止土传病害。主销区保持粮食自给仍需加力，培育推广粮食生产成熟模式和技术，结合经济发达地区的发展实际，挖掘粮食多功能性等社会外溢价值，应充分利用先进的技术手段、活跃的市场经济、殷实的地方财政能力压实区域粮食安全保障能力。

**1. 销区口粮自给上升为国家粮食安全保障战略** 国家粮食安全保障战略既要总领全国、统筹全局，又要根据区域经济发展程度细化地方保障战略，明确粮食安全底线。对经济发达的粮食主销区，把口粮一定程度自给纳入中央和地方考核要求，建议把稻谷口粮用途消费完全自给作为主销区常住人口粮食安全保障底线。将确保销区口粮自给的目标和发展粮食生产的相应举措，纳入地方经济社会发展长期规划，严格督办地方政府抓粮完成进度，充分体现中央粮食生产政策的要求和方向。

**2. 发挥科技创新的支撑和引领作用** 利用高新技术、田间试验等手段，丰富立体种植、水旱轮作、马铃薯错季冬种等基层生产实践，在点上创造可复制、可推广的产量收益双稳定模式。整合农业科研资源，组建"农科院/农业高校＋政府＋企业"的产业技术模式，加大新产品研发力度，延长产业链，主动适应粤港澳升级的消费需求。针对基层农技人员缺乏，探索从优秀种粮大户中遴选一批技术能人，充实壮大基层农技队伍。

**3. 加快提升粮食生产机械化、规模化** 国家对主销区的产粮区也要一视同仁地给予支持，使其享受同主产区一样的政策。参照全国重要粮食生产核心区设定标准，推动主销区粮食生产能力升级。主销区地方政府要额外定向支持高产稳产品种研发、综合机械服务、高标准农田建设等关键环节。针对主销区粮食生产短板，大力推进土地流转、全程托管、环节托管等适度规模经营模式，在珠江三角洲等销区率先实现粮食规模化种植，对种植面积、服务面积达规模以上的经营主体提供奖励性补贴。利用销区高科技产业集聚的先天优势，促进粮食生产智能化、数字化、精确化，推动粮食生产科技进步贡献率大幅提高，力争"十四五"期间粮食综合生产能力达到全国平均水平。

**4. 巩固扩大粮食产业园成熟模式** 现代农业产业园是集"生产＋加工＋科技"于一体的综合农业新业态，是乡村产业振兴的"牛鼻子"。要总结和巩固粮食产业园发展模式，推动全国粮食产业园快速发展。设定粮食产业园奖励性补贴，支持农业设施、土地流转、产业融合、科技与信息支撑、公共区域品牌、贷款贴息等，吸引更多企业入园落地。支持企业开展集新品种新技术示范、全程机械化生产、高效生态农业、文化休闲旅游于一体的经营模式。把成熟的产业园经营模式推广复制，力争在"十四五"时期将粮食产业园培育成为主销区粮食产业发展新的增长极。

**5. 挖掘粮食增产增效广阔潜力** 挖掘自然资源潜力，充分利用主销区亚热带气候光温等资源优势，提高复种指数，选取错季、特色、优质经济作物，发展品类多样的粮经、粮饲、粮鱼等轮作连作、立体种养模式。挖掘消费市场潜力，顺应销区高端消费，面向广阔的港澳市场和海外市场，开发营养稻谷、功能性稻谷、糙米、米糠等健康产品。结合本地消费习惯，开发适应本地消费口味的原粮及其加工制品，提供多样化、本地化的粮食产品。

**6. 促进粮食动态收储"两个对接"**　利用主销区市场经济活力，发展政府和企业合作储备，降低政府储备成本、提高收储运作效率。坚持动态收储与市场需求紧密对接，加快轮换速度，增加品质粮食储备量，建立与市场良性互动、与消费升级相适应的收储轮换机制，确保百姓吃上新鲜粮、放心粮、营养粮。坚持动态收储与生产结构调整紧密对接，细分品级和定价，做到分级、分品种收购储存，对优质品种做到专收专储，发挥收储对粮食生产结构调整的引导作用。

# 新冠肺炎疫情对全球农产品市场与粮食安全的冲击及对策建议

李先德　孙致陆　贾　伟　曹芳芳　陈秧分　袁龙江

自 2019 年底新冠肺炎疫情发生以来，在党中央的坚强领导下，中国疫情发展已经得到有效控制，生产和社会秩序正在逐步恢复正常。据世界卫生组织 2020 年 3 月 25 日通报，新冠肺炎疫情已蔓延至 190 多个国家和地区，确诊人数和死亡人数持续升高，已有 60 个国家宣布进入紧急状态，采取了封锁边境、暂停交通、限制出行、企业停产等防控措施。新冠肺炎疫情的全球蔓延和大规模暴发对全球经济、世界农产品市场、国际农产品贸易以及全球粮食安全都将产生重大影响。疫情全球蔓延也会对中国的宏观经济、农产品市场、进出口等造成重大冲击。为此，我们应该尽早谋划、有效应对。

## 一、对全球农产品市场和粮食安全冲击的五个判断

### （一）全球经济增速将大幅下降，世界经济有可能陷入衰退

新冠肺炎疫情在全球超预期的快速蔓延，叠加国际油价大跌，严重影响世界经济增长的前景和各方信心。从北美到欧洲、日本、韩国、印度以及南美各国，持续性的股市大暴跌席卷全球金融市场。2020 年，经济合作与发展组织（OECD）于 3 月 2 日将全球经济增长预期将由此前的 2.9% 进一步降至 1.5%，其中日本与欧元

区 19 个国家可能出现负增长；国际金融协会（IIF）3 月 5 日预计 2020 年全球经济增长只接近 1%；联合国贸易和发展会议 3 月 9 日估计 2020 年全球经济增速将降低至 2% 以下，新冠肺炎疫情产生的损失预计可达 2 万亿美元。

综合经济合作与发展组织、国际金融协会和联合国贸发会的判断，并结合近期持续加重的疫情扩散以及股市暴跌、油价大跌的新情况新形势，我们认为，全球经济增速降至 1% 以下甚至陷入负增长都将是大概率事件。全球经济增速放缓，将对投资、生产和消费产生重大影响，并将通过农村劳动力就业、农产品市场需求、农业农村投资等渠道，给全球农业农村发展带来重大挑战。

## （二）全球农产品供需将从供应相对充足转向供不应求

从短期看，全球主要农产品供应相对充足。据联合国粮食及农业组织（FAO）和经济合作与发展组织（OECD）最新预测，2019/2020 年度全球谷物的产量预计为 27.19 亿吨，供需基本持平，肉类和奶类产量预计分别为 3.35 亿吨和 4.84 亿吨，均略高于需求量。肉类等高附加值农产品与食物的消费将减少，主食需求会有所增加。受需求减少和流通障碍的影响，可能会出现短期的、局部的农产品供过于求。

从长期看，如果疫情持续蔓延，会有更多的国家或地区采取管制力度更严、实施范围更广、持续时间更长的疫情防控措施。这会对农资供应、农业生产、农产品加工与流通等造成更大负面影响，导致农产品的生产效率和产出水平出现显著下降。供求失衡以后，农产品出口国必将优先考虑满足国内需求而减少甚至停止农产品出口，未来国际农产品市场将可能出现供不应求的局面。

## （三）国际农产品价格将止跌回升，甚至出现大幅上涨

当前，国际农产品价格处于相对低位。根据联合国粮食及农业组织 2020 年 3 月发布的《作物前景和粮食形势》报告，目前农产

品的供应比较充足，全球 2019 年的谷物产量同比增长 2.3％。近期主要农产品价格有所下降，其中 2 月的 FAO 食物价格指数、谷物价格指数、植物油价格指数和肉类产品价格指数比 1 月分别减少 1.9 个、1.5 个、18.2 个和 3.7 个百分点。

2019 年以来的高温天气导致澳大利亚等国出现了严重旱灾，阿根廷大豆因为农业政策调整出现了连续减产，沙漠蝗虫正给北非、西亚乃至南亚的粮食生产造成严重损害，诸多不利因素叠加，国际农产品价格很可能出现大幅上涨。进入 2020 年后，美国政府持续大幅降息，多个国家和地区跟进，投资者和国际游资极大可能进一步涉足粮食市场，大幅推高国际市场粮食价格。

### （四）全球农产品贸易受阻，规模将显著下降

新冠肺炎疫情发生后，许多国家都采取了贸易限制措施。在疫情初期，措施主要针对中国，如印度尼西亚禁止进口来自中国的活体动物，吉尔吉斯斯坦禁止进口中国农产品，俄罗斯最大超市 Magnit 暂停从中国进口蔬菜和水果等。随着多国"封城""封国"等措施的实施，国际陆运、航运和海运将受到严重影响。

主要农产品出口国与疫区高度重合，农产品供给面临前所未有的挑战。占 2018 年世界谷物出口额 47.97％的美国、印度、法国、加拿大、泰国和巴西，占世界大豆出口额 88.82％的巴西、美国和加拿大，以及占世界肉类出口额 43.69％的美国、巴西、澳大利亚、德国和西班牙均发生严重疫情。从长期看，如果疫情在全球大流行持续，更多农产品贸易国宣布进入紧急状态，必将对全球农产品供应链和贸易造成更大冲击，国际农产品贸易规模将会显著下降。

### （五）世界粮食安全与营养形势严峻并有可能恶化

2019 年 10 月，FAO 宣布全球尚有 8.22 多亿饥饿人口，如果加上中度粮食不安全的人数，全球共有超过 20 亿人无法保证获得

安全、营养、充足的食物。这些人口主要分布在医疗条件落后、基础设施差、农业技术水平低的发展中国家，特别是撒哈拉以南非洲地区。如果新冠肺炎疫情在这些地区蔓延，将使世界粮食安全与营养形势更加严峻，甚至会导致世界粮食安全危机。

目前，意大利、西班牙、韩国、法国、德国、美国等主要援助国的疫情都比较严重。如果这些国家的国内疫情与经济形势持续恶化，会优先加大本国疫情应对与经济刺激投入并相应削减其海外发展援助投入，这势必导致受援国获得的外部援助大幅减少，使已经十分严峻的粮食安全与营养形势"雪上加霜"。

## 二、对中国的影响及其对策

### （一）对中国的影响

**1. 从宏观经济来看，经济下行压力加大** 新冠肺炎疫情在全球蔓延，使得境外输入风险增加，将延迟我国防疫结束时间，给经济社会带来巨大风险和挑战。全球经济增速下降或经济衰退将会增加国内经济稳定运行的难度，减少外贸需求，造成经济下行压力。我国疫情平稳很可能吸引大规模资本流入股票市场和债券市场，增加金融市场的不稳定性。汇率可能会由前期的贬值转为升值，增加出口成本。尤其是我国高度依赖外部市场，货物进出口贸易占GDP 高达 32%，全球经济衰退导致的境外需求锐减会直接影响国内经济和农业农村发展。

**2. 从市场供求来看，产品可获得性降低** 我国大豆、肉类、谷物等农产品进口主要来源地，如美国、欧盟、澳大利亚、加拿大等地的疫情严重，其所采取的贸易限制性措施和技术壁垒将会增加我国农产品进口难度。与此同时，其他主要农产品进口国也会增加农产品进口，导致国际供求关系更加紧张，由此引起的市场波动将会很快传导到国内，影响国内农产品供需关系，增大农产品市场不稳定性和农产品价格的波动性。

**3. 从农产品贸易来看，进出口均面临巨大风险**　2019 年，我国农产品贸易逆差高达 719 亿美元，尤其是大豆、畜产品、植物油等农产品的进口高度依赖国际市场。疫情全球大流行带来的进口来源不稳定及价格大幅上涨将会显著提高我国进口成本。2008 年全球粮食危机时，曾出现市场恐慌、粮食囤积、投机和炒作，一些国家采取禁止或限制农产品出口措施，导致市场动荡，价格飞涨。当前疫情正在加速蔓延，一些国家出台类似措施极有可能。我国蔬菜、水果、禽产品和水产品等具有比较优势的农产品，主要出口日本、韩国、马来西亚等国。由于这些国家疫情严重，加之国际市场需求萎缩，必将对我国本已下降的农产品出口形成再次冲击。

## （二）对策建议

**1. 加大国内农业生产支持力度，切实保障农产品稳定充足供应**　在当前全球疫情蔓延、各国限制措施不断出台、影响复杂多变的情况下，国际市场的不稳定性增强。在这样一个特殊时期，政府应该切实加大对农业生产的支持力度，调动农户及其他经营主体的生产积极性，提高农产品流通效率，保障粮食省长负责制、"菜篮子"市长负责制落实落地，将中国人的饭碗牢牢端在自己手上。

**2. 加快大宗农产品进口步伐，把握市场的主动权**　对于我国有巨大刚性需求的农产品，要在国际市场价格还处在相对低位的时候，尽早尽快部署，加大进口力度。对于《中美经贸协议》中涉及增加对美国油料种子、肉类、谷物、棉花、水产品等农产品的采购和进口，要抓紧落实、尽快履行。同时，还要及时、科学、准确研判我国主要农产品需求和国外可供量的变化，尤其要密切跟踪国外农产品贸易政策变化及其可能带来的影响，牢牢把握市场的主动权和主导权。

**3. 积极应对贸易限制，推动贸易开放和国际合作**　针对有关国家（地区）采取的贸易限制性措施，尽快通过国际组织和外交渠道进行交涉与谈判，妥善处理并尽早达成谅解；科学分析因疫情导致的新增农产品技术性贸易壁垒，增加对国内农产品贸易商的经济纾困力度与支持，强化进口能力；加强对主要进口来源地国家的医疗援助和医疗物资出口，营造更有利的农产品贸易环境；尽早布局国际大宗农产品期货市场，积极应对可能出现的市场上行风险。

**4. 精准有效开展农业对外援助，发挥全球粮食安全治理引领作用** 当前正值全球公共卫生危机的关键时刻，按照人类命运共同体的理念，在保障国内需求的前提下，审时度势、精准有效地加大对相关国家的粮食援助和农业发展支持的力度，同舟共济、共克时艰，彰显我国的大国责任和大国担当。

# 编好"十四五"农业农村规划 解决"三农"领域短板

钱静斐　陈秧分　张永勋

"十四五"是我国由全面建成小康社会向基本实现社会主义现代化迈进的关键阶段。2019 年底开始的新冠肺炎疫情，恰逢"十四五"农业农村发展规划编制的关键时点。面对突发新冠肺炎疫情的挑战，我们不仅要关注疫情对农业农村农民的影响，更应思考在未来发展中如何补足疫情中显现的"三农"发展短板，实现乡村全面振兴。中国农业科学院农业经济与发展研究所结合 2020 年 3 月 1 日至 3 月 4 日对 9 省 215 村 2 371 个农户的在线调查结果，总结此次疫情防控期间突显的"三农"发展问题，为编制"十四五"农业农村发展"路线图"提供参考。

## 一、新冠肺炎疫情期间呈现的"三农"领域突出问题

**1. 农产品产销脱节较为严重**　调查显示，为应对疫情，83.3% 的被访村采取了封村封路措施，在切断疫情传播的同时也影响了农业生产和农产品流通。31.6% 的被访村认为目前面临的最大问题是难以协调兼顾防疫工作和农业生产。农产品产销脱节在全国范围内也不同程度地存在，一边是成熟瓜果喂猪、蔬菜烂在地里、鸡苗被掩埋等农产品滞销，另一边是消费者线上秒杀、线下抢购、价格上涨。2020 年 2 月，全国批发市场猪肉价格、28 种蔬菜价格和粳米价格环比分别上涨 9.5%、10.4% 和 13.0%。近期农产品卖

难和买难,固然与严格的疫情防控措施有着重要关联,也折射出农业农村领域长期存在的产销衔接不紧密、加工化程度不深、全面专业化生产带来流通风险等问题。目前,农产品从分散农户到达消费者大多需要经过收购、运输、储存、批发、零售等多个环节,以一般性、资源性的初级农产品居多,农业产前、产中和产后环节分布于不同的领域和地域,一旦出现突发事件,很容易出现产销脱钩、价格剧烈波动的现象。

**2. 乡村产业发展质量亟待提升** 此次疫情恰逢农历春节,数以亿计的外出农民工、城市各类人才由他乡返回故乡。这些因疫情而被迫滞留在乡村的各类人才,留乡就业意愿并不高。被访农户中92.3%的人选择继续外出就业、65.8%的人认为"没有合适的创业项目"、28.9%的人认为"产品销售困难"。这些滞留人才暂时"出不去",但更难"留得住",表明乡村创业就业吸引力较弱,也折射出乡村产业发展不充分的深层次问题。大棚房整治、禽流感、非洲猪瘟给各类新型经营主体带来的影响尚未完全散去,此次因疫情引发的农产品与农业生产资料运输渠道不畅、部分设施农产品与特色经济作物滞销、乡村旅游基本停滞等问题,使农村各类创新主体再遭重创,直接影响了乡村创新创业的信心与决心。

**3. 农村基础设施尤其是公共服务的短板明显** 调查显示,仅有56.7%的乡村能够对公共厕所进行消毒,四成的被访村反映消毒设备和物品不充足;87.3%的被访农户反映买不到消毒防护用品,近50%被访农户只能佩戴防尘和棉布口罩,一个口罩平均佩戴6.5天;57.9%的被访农户家庭仍使用旱厕,多以覆盖干炉灰、石灰、细沙土、秸秆粉末来处理粪便,平均39.4天清理一次。截至2018年底,全国3.16万个乡镇共设3.6万个乡镇卫生院,床位133.4万张,卫生人员139.1万人,每千农村人口乡镇卫生院床位仅有1.39张,远低于全国6.03张的平均水平。这些现象反映出农村公共卫生防疫条件有限、防控服务不足、防疫物资匮乏,乡村基础设施与公共服务方面的短板依然非常明显,既包括教育、医疗、养老、公共交通等生活服务，也包括仓储、物流、加工、培训等生产领域。

**4. 乡村治理离现代化差距较大** 调查显示，35.8%的被访村反映防疫工作人员短缺。村委会干部和村支部委员是疫情防控工作主体，基层党员、回乡大学生、外地返乡工作人员以及普通群众参与不足，其中党员参与率仅为57.2%。堵路挖路、掀桌子、砸东西、粗暴隔离等治理方式屡见报端，"今年到处乱跑，明年坟头长草""拜年就是害人，聚餐就是找死"等粗俗宣传受到争议。乡村治理一定程度上存在治理主体单一化、治理方式简单化、治理语境粗俗化、治理效果两极化等倾向，表明乡村治理现代化任重道远。因村民思想道德、乡村文化和精神文明建设未能及时跟上，所以乡村自治、德治、法治都需进一步加强。

## 二、关于"十四五"农业农村发展规划的五条建议

**1. 优化涉农产业空间布局** 产业的专业化布局固然可以提高生产效率，但也加大了市场风险。建议在"十四五"规划编制时审慎谋划涉农产业布局，在充分发挥主产区优势的同时，产销平衡区和主销区也要保持合理的自给率。进一步落实"米袋子"省长责任制和"菜篮子"市长负责制，鼓励合理地在地生产、地产地销。切实引导加工流通企业重心下沉，向有条件的中心镇和物流节点集中。加快建设各类产业园区基地，支持乡村因地制宜发展种养循环、农牧结合、网上营销、农产品加工、生产生活服务等创新创业项目，推动乡村内部循环、产销对接与融合发展。

**2. 建设农产品高质量物流通道** 农产品流通是影响产销衔接最为关键的短板。建议在"十四五"期间重视建设农产品大数据分析平台，对接农业农村部"全国农产品批发市场价格信息系统"和商务部"农村电子商务和社区商业信息系统"，引导全国农产品生

产、流通和消费。借力大型电商平台,搭建跨区域物流体系,鼓励企业在县乡和具备条件的村镇建立物流配送网点,推动传统批发市场、零售终端与电商合作,扩大电子商务进农村覆盖面。加强农产品冷链物流统筹规划和分级布局,加快推进乡镇仓储保鲜冷链物流设施建设,推动形成农产品物流骨干网络和冷链物流体系,提升互联网环境下的供应链运行效率。

**3. 重视发展富民乡村产业** 农村劳动力"出不去"但更难"留得住",根源是乡村产业发展质量不高。建议在"十四五"期间以壮大村级集体经济为抓手推动乡村产业发展。重点培育高质量新型农业经营主体,培育具有竞争力的农业产业化联合体,通过订单农业、股份合作等方式将小农户融入农业产业链。建立全国及分区域、分行业的农业产业大数据中心,解决面向农业自然资源、农业生产资料、农产品市场、食品物资、生产经营主体、行政管理、公共服务的数字化及其底层数字基础设施建设问题,收集智慧农业大数据,构建数字化农业全产业链服务体系。进一步落实完善市场准入、金融服务、财政支持、用地用电等乡村产业支持政策,还需要瞄准乡村产业基础薄弱、抗风险能力较弱等长期问题,储备出台重点群体返乡下乡支持措施、创新创业项目风险防控机制、资源资产盘活、"放管服"等政策措施。

**4. 补足农村基础设施和公共服务短板** 农村基础设施不足、公共服务落后是城乡发展不平衡、农村发展不充分的最直观体现,也是农民群众反映最强烈的民生问题。建议在"十四五"期间加大农村公共基础设施、农村供水保障、农村人居环境整治等硬件基础设施建设力度,推动"四好农村路"示范创建提质扩面,全面完成农村饮水安全巩固提升工程任务,加快完成"三区三州"和抵边村寨电网升级改造攻坚计划任务,基本实现行政村光纤网络和第四代移动通信网络普遍覆盖。特别重视农村教育、医疗、养老、文化、信息平台、公共安全防控等公共服务方面的支持力度,推动城乡基本公共服务均等化。鼓励通过远程教育、远程科技培训、远程医疗等信息化手段以及城乡技术人员对口帮扶等机制，提升农村公共服务质量。

**5. 推进乡村治理现代化** 国家治理体系和治理能力现代化是全面深化改革的总目标，乡村治理现代化是提升乡村内生发展能力、助推乡村振兴的关键保障。建议在"十四五"期间切实加大乡村治理投入保障力度，健全乡村干部选拔和培养机制，充分发挥农村基层党组织的战斗堡垒作用，造就一支懂农业、爱农村、爱农民的"三农"工作队伍，成为乡村治理现代化的领导者、推动者和实践者。加强完善村民自治机制，建立健全乡村精英吸纳和参与机制，支持依法发展农村各类民间社会组织，成为基层治理过程中农民利益的代言人、公共服务的提供者、治理工作的参与者、利益协调的当事人，切实提高农村社会凝聚力。

# 我国农业发展要重点做好"一稳三保"

孙东升

新冠肺炎疫情发生以来，社会上普遍认为疫情对全球农业生产及粮食安全产生了一定影响，随着新冠肺炎疫情的全球蔓延，其后续影响的程度和范围还有待观察。在经济社会形势极其严峻复杂的大背景下，新冠肺炎疫情对我国农业生产、农产品市场、粮食贸易等造成一定影响，同时，还叠加蝗虫灾害导致的全球粮食生产安全风险、原油价格剧烈波动导致的全球能源安全风险、资本市场剧烈波动中潜在的金融风险。我国农业市场开放度较高，国际农产品市场波动对国内市场影响的传导性较强，在统筹国际、国内两个大局的前提下，需要谋划全局、趋利避害，有效应对疫情防控常态下的外部风险，做好长期应对的统筹安排。

总体上说，要保障国家粮食等重要农副产品安全，稳住农业农村经济发展形势，要在中央"六稳""六保"精神指引下，重点做好"一稳三保"，即稳住农业基本盘，保企业、保就业、保产业。这既是当前的对策，也是长远的出路，更是我们应对严峻复杂国际发展环境的压舱石。

## 一、确保稳住农业基本盘

习近平总书记强调，"越是面对风险挑战，越要稳住农业，越要确保粮食和重要副食品安全""做好较长时间应对外部环境变化的思想准备和工作准备"。2020 年中央 1 号文件对保障重要农产品有效供给作出了系统部署。2020 年是全面建成小康社会目标的实现之年，也是打赢全面脱贫攻坚战的收官之年。面临新冠肺炎疫情仍在全球蔓延的严峻形势，我们要统筹疫情防控与经济社会发展需要，坚持底线思维，强化防风险意识，做好长期防控的思想准备和工作准备。要继续加快农业供给侧结构性改革，确保粮食等主要农产品生产和市场稳定，稳住农业农村健康发展的基本盘。保障重要农产品有效供给，要在继续坚持"米袋子"省长负责制和"菜篮子"市长负责制的基础上，落实好粮食和重要副食品安全责任。当前要扎实做好夏季农业生产管理工作，后续要抓好秋季农业生产工作，稳定提升重要农产品的供给能力和水平，确保粮食等主副食品供应，消除居民缺粮少菜的担心。尤其是粮食生产，要"稳"字当头，不仅粮食生产主产区要确保粮食生产稳定增长，粮食主销区也要确保粮食生产有所增长，确保2020年全年粮食等主要农产品数量充足、供给稳定，扎实稳住我国农业农村经济社会发展的好势头。同时，还要进一步强化我国农业产业链供应链管理，提升大宗农产品市场的风险防控水平。

## 二、保企业

这里的企业主要是各类涉农企业，包括农业产业化龙头企业，也包括新型农业经营主体，还包括各类农业合作经营组织，以及农业农村的新产业新业态实体。涉农企业植根于农业、发展于农村、贴近于农民，离农业最近、联农民最紧，可以说保住了涉农企业，不仅有助于保产业，更有助于保农民工就业。据农业农村部统计，2018年全国县级以上农业产业化龙头企业达8.7万家，国家重点龙头企业达1 243家，各类农业产业化组织辐射带动1.27亿农户，户年均增收超过3 000元。农业产业化组织提供的农产品及加工制品占农产品市场供应量的1/3，占主要城市"菜篮子"产品供给的2/3以上，出口创汇额占全国农产品出口额的80%以上。农业产业化组织尤其是龙头企业作为农业经营的关键主体，在促进农业发展、带动农民增收、保障农产品供给、维护市场稳定方面作用越来越突出，是带领农民发展生产、搞活市场、保障供给的重要支撑。此次新冠肺炎疫情对农业企业生产和经营活动造成的影响是明显的，部分农业企业出现了停摆情况，为此，要加快出台务实管用的阶段性政策，支持各类农业企业尤其是暂时处于困难状态、发展前景较好的农业企业，要加大政策托底力度，保障基本生存能力，要有针对性地帮扶困难中的农业企业，尤其是属地政府要在中央精神指引下采取有效举措，帮助农业企业渡过目前难关。

## 三、保就业

保就业就是最好的保民生，就"三农"领域来说，目前重点是保农民工就业。据国家统计局发布统计数据，2019 年全国农民工总量 29 077 万人，其中，外出农民工 17 425 万人，本地农民工 11 652 万人。目前，我国农民工务工收入在农村居民人均可支配收入中占比超过 40%。受新冠肺炎疫情影响，外出农民工和本地农民近期务工就业均受到了较大影响，急需在常态化疫情防控中统筹疫情防控和推进复工复产复业工作，采取多种措施促进农民工就业。近期，政府尤其是属地政府要采取更加积极的就业政策措施，激发市场活力和社会创造力，广开进城务工人员就业门路。要加快扩大国内消费需求，创造更多就业机会，积极扶持涉农企业、中小企业、劳动密集型产业和服务业等实体经济，增加农民工就业。同时，大力支持返乡创业，在用地、收费、信息、工商登记、纳税服务、金融支持等方面，降低创业门槛，给返乡创业人员更大的优惠，鼓励就地就近发展农产品加工业、农村二三产业、生态农业和县域中小微企业，为农民工创造更多的就业岗位。

## 四、保产业

这里的产业包括粮食等重要农副产品生产，农副产品加工、储藏、运销等行业以及乡村休闲旅游等农业农村新产业新业态，还包括如期实现脱贫攻坚任务的脱贫产业，更包括保农业产业链以及供应链。受新冠肺炎疫情影响，国内外产业链供应链受到阻碍乃至中断。世界多个国家实行封锁限制，影响了农业工人季节性迁徙流动，从印度收获水果和蔬菜到美国肉制品工厂，劳动力严重短缺。我国出现部分大型农产品交易中心阶段性停运、区域性农产品尤其是生鲜果蔬等产品滞销的情况，同时也暴露出我国农业产业链供应链的一些短板，比如农产品仓储设施、冷链物流装备、包装加工设施等的不足。美国企图利用疫情全球蔓延"甩锅"我国，实现其贸易摩擦、逆全球化以及单边主义等目的，为我国制造麻烦、阻碍崛起进程。我国经济正处于经济中低速发展阶段、农业供给侧结构性改革的关键时期，急需有序推动"三农"领域安全复工复产复业，确保农业产业稳定健康发展，确保农业农村经济持续稳定，确保脱贫攻坚和全面建成小康社会任务的顺利如期完成。为此，要在巩固深化农业供给侧结构性改革成果的同时，持续稳定发展粮食等传统农业产业，加大支持乡村新型产业发展，加快发展乡村数字经济步伐，提速发展"互联网＋"乡村新产业新业态，加快数字农业、数字乡村的基础设施建设，重点补齐乡村冷链物流业、仓储服务业和乡村快递业的基础设施，有效恢复农业产业链供应链运转通畅。

"三农"领域里的保企业、保就业、保产业，是稳住农业基本盘的主要内容和重要举措，是有机联系、相辅相成的一个整体，不是孤立割裂的三项工作，需要通盘考虑、整体推进。在当前受疫情影响的极端困难时期，保企业、保就业、保产业的工作做好了，农业基本盘就能够稳住；农业基本盘稳住了，农业农村持续向好的势头就会越来越大，农业的基础地位就能够不断巩固。

# 近来农业农村投资下滑势头急需扭转

毛世平　张　琳　陈秧分　贾　伟　张合成　袁龙江

农业农村投资是全面贯彻党中央、国务院"六稳""六保"的重要战略部署，是落实农业农村优先发展的切实体现。受宏观经济形势持续下行、新冠肺炎疫情等突发事件冲击、农业农村政策执行不稳、投入机制不健全等多重因素影响，造成当前我国农业农村投资较快下滑的局面，为此，必须科学研判，综合施策，坚决扭转农业农村投资下滑势头，推进乡村振兴发展。

## 一、近来农业农村投资大幅下滑

**1. 从总体看，投资增速快速下跌，2020 年出现季度负增长**

受一系列强农惠农富农政策推动，全国农业农村投资在较长时间内保持了快速增长态势。2004—2018 年，农林牧渔业（包括种植业、林业、畜牧业、渔业及农林牧渔服务业）投资规模扩大了 42.9 倍、年均增长 30.8%，高于全国投资增速 12.2 个百分点，农副食品加工业投资规模扩大了 22.1 倍、年均增长 24.7%。多年快速增长期过后，农业农村投资开始降速换挡。2019 年，农林牧渔业投资仅增长 0.7%，比上年减少 11.6 个百分点，并低于全国投资增速 4.4 个百分点；农副食品加工业投资增速下滑更为明显，首次出现年度负增长，比上年减少 8.7%、比全国投资增速低 14.1 个百分点。受突发新冠肺炎疫情影响，2020 年一季度，农林牧渔业与农副食品加工业投资分别减少 12.1% 和 32.8%，创历史最低季度增速水平。

**2. 从重点行业看，种植业、畜牧业、渔业投资普遍下滑，畜牧业投资降速最明显**　种植业为主、畜牧业次之的投资结构基本稳定，投资规模分别占农林牧渔业总投资的 1/2 和 1/5。种植业投资增速逐年放缓，由 2015 年的 45.7% 开始放缓，2019 年降至 1.6%，比上年下降 13.6 个百分点，是历史年度最低水平；畜牧业投资增速下降最快，由 2014 年的 35.7% 持续下滑，2019 年降至 −3.6%，比上年降低 15.3 个百分点，是当年农业生产投资领域中唯一出现年度负增长的行业；渔业投资保持较高增长水平，2019 年增速达 15.7%。2020 年一季度，畜牧业投资增速达 5.9%，率先实现恢复性增长；种植业投资持续下滑，同比下降 20.7%，首次出现季度负增长；渔业投资快速下跌至 −38.6%，成为增速最低的行业。同时，受新冠肺炎疫情影响，休闲农业和乡村旅游业作为敏感型产业，投资出现严重滑坡。

**3. 从投资主体看，民间投资保持主导地位，增速大幅下跌**　农业农村领域民间投资长期保持高速增长，主体地位相对稳定。2012 年全国农林牧渔业民间投资规模占农林牧渔总投资的 72.1%，增速达 39.2%，并连续 4 年保持 30% 以上。2016 年开始，增速逐年放缓，2019 年农林牧渔业民间投资占比达 77.3%，但增速大幅跌至 2.1%，首次低于全国民间投资增速水平（4.7%）。2020 年一季度，民间投资比上年减少 16.6%，增速出现负增长，首次低于农林牧渔业总投资水平（−12.1%）。此外，个体经营投资占比为 2%～2.5%，近 2 年增速也出现大幅下跌甚至负增长的情况，如个体经营投资规模同比 2017 年缩减 8.8%。

**4. 从资金来源看，自筹资金为主，信贷债券等渠道不足**　自筹资金占投资总额比重约 85%，但增速下滑较快，2017 年为 7.8%，比上年下降 9.9 个百分点。国家预算资金占农业投资比重 5% 左右，据财政部数据，2019 年全国公共财政农林水事务支出 2.24 万亿元，同比增长 6.3%，但 2020 年一季度，同比下降 3.6%，是近期首次缩减。国内贷款占比保持在 4.5% 左右，增速逐步加大，据中国人民银行数据，2019 年全国涉农贷款余额 35.19 万亿元，同比增长 7.7％，2020 年一季度，同比增长 9％。此外，债券投资虽规模最小，但近几年成倍增长，由于新冠肺炎疫情影响、财政收支矛盾突出，对农业农村投资作用凸显。

## 二、多重因素导致农业农村投资下滑

**1. 国内外宏观经济形势下行传导**　当前，国际贸易环境严峻、国内宏观经济下行，各类农业经营主体面临收入下降、资金不足、风险加大等问题，投资农业农村的能力与意愿降低。从国际情况看，中美贸易摩擦不断升级，农产品出口环境恶化，叠加国内农产品生产成本上升，影响了涉农经营主体的市场预期与投资信心，2019 年我国农产品出口额比上年减少 1.7％。从国内情况看，2019 年国内生产总值、社会消费品零售总额、固定资产投资、财政收入等主要经济指标增速都有所降低，其中，财政收入仅增长 3.8％，比 2017 年、2018 年降低 4.3 个、2.4 个百分点，影响了政府对"三农"的支持力度。

**2. 非洲猪瘟疫情等突发事件冲击**　近年来，国内国际各类突发事件频发，给农业农村投资带来重大冲击。自 2018 年 8 月发生非洲猪瘟疫情以来，各地相继采取扑杀生猪、封锁运输等应对措施，给生猪养殖及相关行业造成了巨大损失，据专家估计，非洲猪瘟带来的直接损失有 1 万亿元（中国农业大学李德发院士估计）、经济损失占农民牧业收入的 4.4％～8.8％（北京大学卢锋教授估计）。2020 年初，叠加新冠肺炎疫情影响，乡村产业面临农产品与农业生产资料运输渠道不畅、部分设施农产品与特色经济作物滞销、乡村旅游基本停滞等问题，各类主体投资能力与意愿再次遭受重创。

**3. 农业农村政策不稳定**　农业农村投资需要稳定的政策环境，但近年来农村环保、用地等政策不稳，一些地方采取了"一刀切"

的简单治理方式，进一步加大了相关主体损失，影响了社会资本投资积极性。例如，2015 年以来新一轮环保整治，在执行过程中被层层加码，一些地区采取了全面禁养、一禁了之、盲目扩大禁养区等做法，给养殖户带来损失。2018 年大棚房整治，惩治了将农业设施用于非农建设的违法违规行为，但部分"一刀切"行为误伤了一部分真正从事设施农业、休闲农业的经营主体，据四川休闲农业协会评估，该省涉及 3 万多业主、产值 1 600 多亿元的休闲农业或将遭遇巨大损失。

**4. 农业农村多元投入机制尚不健全**  从财政投入来看，国家持续加大"三农"领域投入力度，但农村基础设施和公共服务尤其是人居环境、新基建、医疗卫生等短板领域仍需大量投资，财政投入与发展需求之间缺口较大。从社会资本参与来看，社会资本逐利特性与对农业农村投资的配套服务、项目监管、利益联结等机制的需求之间矛盾突出，存在"不敢投"现象。从金融供给服务来看，农村融资难、融资贵现象一直未得到根本缓解。2019 年末，金融机构本外币涉农贷款余额虽同比增长，但占各项贷款余额的比重为23.0%，比 2017 年、2018 年减少 1.7 个和 0.2 个百分点，延续下降趋势。与发达国家相比，2018 年我国农业保险保障水平为23.21%，不及美国 2015 年水平（56.06%）的一半。

# 三、有效扩大农业农村投资的政策建议

**1. 加大农业农村重点领域投资**  围绕国家加快补上"三农"领域短板和推进新型基础设施建设的战略部署，结合"十四五"规划编制，引导各类资金聚焦到现代农业设施、农村基础设施和公共服务、农村资源资产增值开发三大重点领域，实施高标准农田提档升级、农产品电商与冷链物流设施改造、农业生产经营和乡村治理数字化平台建设、农业关键技术装备与平台创新、农村基础设施提升改造等重大工程项目。

**2. 拓宽农业农村多元化投融资渠道** 优先保障中央和地方财政"三农"投入，深化整合各类涉农资金，确保规模只增不减。加快调整完善土地出让收入使用范围，提高用于农业农村的投入比例。用足、用好当前增发地方政府债券政策，设计遴选一批合适项目，加大地方政府专项债用于乡村振兴的发行规模。探索乡村振兴基金、全产业链投入开发、农村整体投入开发等社会资本投入模式。研究制定农村普惠金融政策，差别化引导商业性金融、政策性金融和合作金融创新信贷、保险等支农产品和服务。

**3. 激活农村三块地投资空间** 以农村土地制度改革为核心，切实明确政策导向，完善综合改革配套，激活农村资源要素、投资主体和市场活力。重点推动农村"三块地"改革落地，总结推广一批可复制的制度创新成果。严格落实好设施农用地管理、农村新增建设用地保障政策。推广集体建设用地作价入股、与社会资本"村企合作"发展乡村融合性产业等模式。探索闲置宅基地腾退机制和市场流转机制，打通进城落户农民自愿退出的宅基地和经营性建设用地入市之间的渠道。

**4. 建立健全农业农村投资管理制度** 借鉴发达国家和地区以立法形式促进农业农村投资的经验做法，整合现有农业立法中有关农业农村投资内容，建立健全农业农村投资管理法律制度、管理办法、工作规程，规制政府、金融机构、企业、大户、外商等投资主体的权利（权力）和义务（职责）等内容。将农业农村投资政策落实情况纳入地方政府和领导干部的绩效考核。

# 要千方百计确保早稻最低
# 收购价"托底"政策落地

李建平　李俊杰　李文娟　杨亚东　郭静利

新冠肺炎疫情发生以来，为保障我国粮食安全，国务院常务会议决定"鼓励有条件的地区恢复双季稻"，习近平总书记对全国春季农业生产作出重要指示，国家发展改革委等五部门提高了 2020 年籼稻最低收购价。为及时了解早稻产销形势，我们对江西、安徽、湖南、广西等早稻主产区开展了调研。调研发现，绝大部分早稻没有享受到"保护价"，早稻种植户缺乏政策获得感，极大地影响农户早稻生产积极性。

## 一、主要问题

2020 年，我国早稻面积实现恢复性增长，但很多基层干部和种粮户对卖粮问题忧心忡忡。近些年虽然实行了早稻最低收购价政策，但调研发现，江西、安徽、湖南等地的早稻基本上都以低于国家最低收购价销售，导致"托底"政策作用不明显。主要问题如下。

**1. 预案启动时间严重滞后，早稻收购启动时间与收割时间脱节**　国家规定的早籼稻的最低收购价政策执行时间为 8 月 1 日至 9 月 30 日，但江西、湖南往往延期到 9 月上中旬才启动，比早稻收割结束晚了一个半月。早稻收割期正处于高温雨季，面临极大的发芽、霉变风险，大部分种粮大户不得不选择"湿谷贱卖"，售价仅每斤 0.58～0.75 元，折合后比国家最低收购价低 20% 以上。少部分种粮大户能够坚持到最低收购价启动，但由于早稻收购时间大幅缩短，造成长时间排队、出现粮农争先恐后售粮现象。

**2. 审批程序烦琐复杂，层层要证明、层层要报批** 政策性粮食收购启动需要准备"百余个"证明文件，经过"十余项"烦琐、复杂审批程序，协调多个部门单位，整个过程至少耗时 10 天，延迟了预案启动时间。其中，仅证明启动收购的触发条件（即市场收购价格持续 3 天低于国家公布的最低收购价格）这一项，就需地方多个相关部门确认的物价证明，并需经层层审批，耗时至少 5 天。

**3. 收购库点管理规定不尽合理，影响农民就近就快售粮** 执行最低收购价政策的粮库标准高、要求多，造成达标收购库点太少，无法满足农民就近售粮。收购间隔时间等规定不合理，缺乏结合实际操作设计，造成效率低、等候时间长等问题。同时，地方不承担不达标粮特别是食安超标粮的收购要求，造成部分种粮农民利益难保证。

早稻最低收购价政策"托底"作用不明显，主要原因在于重部门利益、轻农民保护，重审批流程、轻职责履行，重局部协调、轻宏观监管，有关单位的指导思想、机制设计、监督措施等方面须改进。

## 二、政策建议

**1. 切实履行最低收购价执行责任，保护粮农利益** 在履行收购责任过程中，收购主体在兼顾自身商业利益的同时，应从国家粮食安全大局出发，优先保障种粮农户利益，保护农户的粮食生产积极性。理顺中央与地方的关系，利用当地粮库的优势，适当增加周转仓，解决主产区偏远农户售粮问题，防止出现"湿谷贱卖"和"谷贱伤农"现象。

**2. 切实改善收购环节流程，保证政策落地见效** 建议简化实际操作中多重证明和多层审批的程序，优化多部门协调程序。建议设置预案自动启动机制，避免因层层证明、层层审批造成的耽误时机、影响农户售粮积极性等问题。

**3. 加强宏观监管，落实监督责任**　建立强有力的最低价收购政策执行的监管机制，从更高层面落实早稻收购相关单位主体责任的监督。监管重点从落实"繁文缛节"转向"托底"责任和保护农民利益。

# 附件1 粮食收购申报流程图

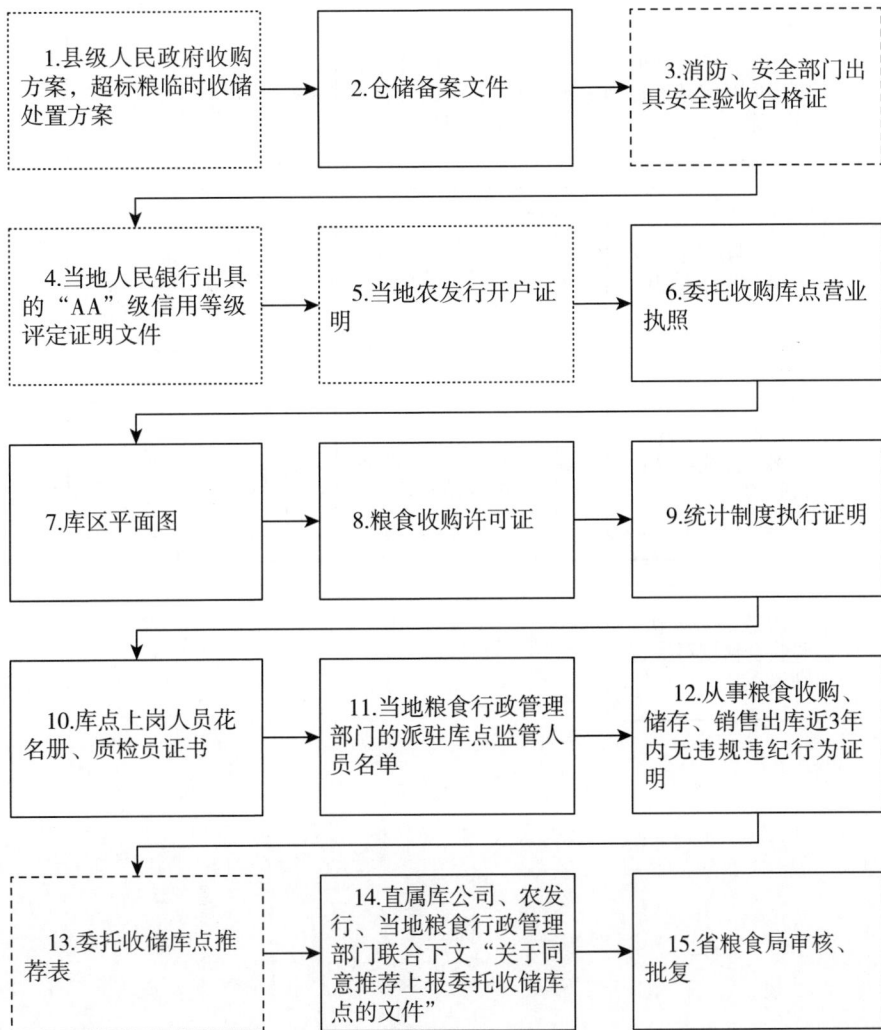

```
┌─────────────────┐      ┌─────────────────┐      ┌ ─ ─ ─ ─ ─ ─ ─ ─ ┐
│ 1.县级人民政府收购 │      │                 │      │ 3.消防、安全部门出 │
│ 方案,超标粮临时收储 │ ──→  │ 2.仓储备案文件    │ ──→  │ 具安全验收合格证   │
│ 处置方案          │      │                 │      │                 │
└─────────────────┘      └─────────────────┘      └ ─ ─ ─ ─ ─ ─ ─ ─ ┘
        │
        ▼
┌ ─ ─ ─ ─ ─ ─ ─ ─ ┐      ┌ ─ ─ ─ ─ ─ ─ ─ ─ ┐      ┌─────────────────┐
│ 4.当地人民银行出具 │      │                 │      │ 6.委托收购库点营业 │
│ 的"AA"级信用等级   │ ──→  │ 5.当地农发行开户证 │ ──→  │ 执照             │
│ 评定证明文件      │      │ 明              │      │                 │
└ ─ ─ ─ ─ ─ ─ ─ ─ ┘      └ ─ ─ ─ ─ ─ ─ ─ ─ ┘      └─────────────────┘
        │
        ▼
┌─────────────────┐      ┌─────────────────┐      ┌─────────────────┐
│                 │      │                 │      │                 │
│ 7.库区平面图      │ ──→  │ 8.粮食收购许可证   │ ──→  │ 9.统计制度执行证明 │
│                 │      │                 │      │                 │
└─────────────────┘      └─────────────────┘      └─────────────────┘
        │
        ▼
┌─────────────────┐      ┌─────────────────┐      ┌─────────────────┐
│ 10.库点上岗人员花  │      │ 11.当地粮食行政管理 │      │ 12.从事粮食收购、  │
│ 名册、质检员证书   │ ──→  │ 部门的派驻库点监管人 │ ──→  │ 储存、销售出库近3年 │
│                 │      │ 员名单           │      │ 内无违规违纪行为证  │
│                 │      │                 │      │ 明              │
└─────────────────┘      └─────────────────┘      └─────────────────┘
        │
        ▼
┌ ─ ─ ─ ─ ─ ─ ─ ─ ┐      ┌─────────────────┐      ┌─────────────────┐
│                 │      │ 14.直属库公司、农发 │      │                 │
│ 13.委托收储库点推  │      │ 行、当地粮食行政管理 │      │ 15.省粮食局审核、  │
│ 荐表             │ ──→  │ 部门联合下文"关于同 │ ──→  │ 批复            │
│                 │      │ 意推荐上报委托收储库 │      │                 │
│                 │      │ 点的文件"        │      │                 │
└ ─ ─ ─ ─ ─ ─ ─ ─ ┘      └─────────────────┘      └─────────────────┘
```

注:1、4、5项建议取消,3、13项建议调整。

## 附件 2 粮食收购启动流程图

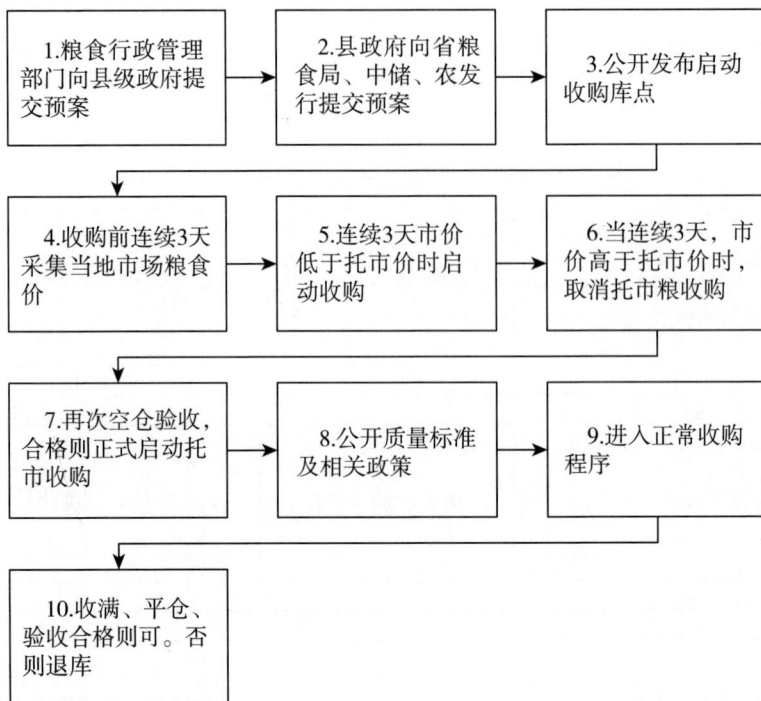

```
┌─────────────────┐     ┌─────────────────┐     ┌─────────────────┐
│ 1.粮食行政管理   │     │ 2.县政府向省粮   │     │ 3.公开发布启动   │
│ 部门向县级政府提 │ ──▶ │ 食局、中储、农发 │ ──▶ │ 收购库点         │
│ 交预案           │     │ 行提交预案       │     │                 │
└─────────────────┘     └─────────────────┘     └─────────────────┘
          │
          ▼
┌─────────────────┐     ┌─────────────────┐     ┌─────────────────┐
│ 4.收购前连续3天  │     │ 5.连续3天市价    │     │ 6.当连续3天，市  │
│ 采集当地市场粮食 │ ──▶ │ 低于托市价时启   │ ──▶ │ 价高于托市价时， │
│ 价               │     │ 动收购           │     │ 取消托市粮收购   │
└─────────────────┘     └─────────────────┘     └─────────────────┘
          │
          ▼
┌─────────────────┐     ┌─────────────────┐     ┌─────────────────┐
│ 7.再次空仓验收， │     │ 8.公开质量标准   │     │ 9.进入正常收购   │
│ 合格则正式启动托 │ ──▶ │ 及相关政策       │ ──▶ │ 程序             │
│ 市收购           │     │                 │     │                 │
└─────────────────┘     └─────────────────┘     └─────────────────┘
          │
          ▼
┌─────────────────┐
│ 10.收满、平仓、  │
│ 验收合格则可。否 │
│ 则退库           │
└─────────────────┘
```

# 我国粮食稳定发展机制正在形成

## ——基于豫皖赣三省的调研

普蕒喆　刘明月　崔奇峰　王秀丽　秦　朗　付江凡

余艳峰　杨前进　钟　钰　陈萌山　袁龙江　池泽新

为了解 2020 年粮食生产走势，探访粮食生产方式新变化和经营主体新期待，研究我国夏粮"十七连丰"的内在逻辑和保障粮食安全行稳致远的长效机制，中国农业科学院中国粮食发展研究课题组于 2020 年 7 月 28 日至 8 月 5 日，前往豫皖赣三省的滑县、延津县、怀远县、望江县、进贤县和丰城市调研。6 县（市）均为产粮大县，是我国粮食产业发展的风向标，在全国粮食安全大局中具有"一叶知秋"的代表性。总的来看，2020 年夏粮已经丰收到手；洪涝灾害对早稻单产和品质有影响；秋粮面积增加、播种基础好，田间管理抓得紧，呈现根粗苗壮、华实蔽野、黍稷盈畴的美好丰收景象，全年粮食有条件再夺丰收。课题组深深感到，在 2020 年新冠肺炎疫情肆虐、洪涝重袭的情况下，我国夏粮依然获得丰收，秋粮长势喜人，实属不易，呈现出许多宝贵经验与科学规律，值得我们认真总结。

## 一、2020 年夏粮第 17 年丰收，为破解我国粮食稳定发展难题提供了重要借鉴

滑县、延津县和怀远县都是我国百万亩以上的小麦大县，三县一致反映夏粮面积稳定，单产提高，总产增加，品质是近年来最好的。从全国看，2020 年夏粮实现了自 2004 年以来的第 17 次丰收。

我国夏粮这种长时期、连续性保持增产的势头，在我国历史上和世界范围内都很罕见，美国在 1975—1979 年连续 5 年丰收，印度在 1996—2001 年连续 6 年丰收。我国夏粮这种长时期、连续性保持增产的势头，展现的内在规律和发展趋势，正在改变千百年来靠天吃饭的传统农业生产局面，这对我国粮食生产保持长期稳定发展提供了重要启示。

**1. 通过经营机制创新，把种粮小农户逐步纳入现代农业发展轨道** 以农村土地"三权分置"变革为契机，在不改变农户土地承包权的前提下，充分搞活土地经营权，赋予新型经营主体更大的经营权。通过发展土地入股、流转、托管等经营形式，与小农户建立更加紧密的合作关系，引入现代装备技术与管理理念改造传统小农生产，实现小农户与现代农业有机衔接，解决农户经营规模小、土地细碎化、经营者老龄化与兼业化等的挑战。

新型经营主体是先进生产力的代表，让广大小农户分享了最新农业科技装备。滑县焕永合作社 8 年内更新了三代农机具，更新速度节奏远远超过小农户，为 3 万多亩地提供服务。当地种粮大户黄国兴自己种了 70 亩地，他说："现在有机械化，地玩儿一样就种了，就当锻炼身体。"合作社引导农户科学种粮，提升产量质量，增加种植收益。延津县联丰合作社在不流转土地的前提下统一管理、统一服务、统一经营，农户说跟着学到了更科学的种植方法，产量、质量都上去了，卖价比一般的高 0.05～0.10 元/斤。合作社开发了多样化的经营服务，满足了小农户不同的经营需求。怀远县盛世兴农合作社有三种经营方式：自己流转土地 300～400 亩、对 2 万亩土地开展种管收全程托管服务、对 30 万亩土地开展环节托管服务，让需求各异的农户种地省时省力。

**2. 通过产业融合和要素聚集优化资源配置，把粮食生产融入现代产业体系** 通过发展综合种养一体化模式、专业精深加工模式、三产融合模式，让原粮加工增值增效，围绕主导产业带动服务业，在一产内部、二三产之间发展成紧密的要素和产品交换关系，推动粮食生产从自给自足向市场化、产业化转变。以规模效应、集聚效应吸引资金技术向农业、农村和农户聚集，把粮食加工建在乡村和主产区，更好地把资源、资金留在粮食主产区，让农民成为粮食产业经济的主人，分享现代产业的增值收益。

利用综合种养一体化模式，实现粮畜互补、要素循环，增加种粮综合效益。滑县杜焕永理事长介绍，1 000亩地的小麦麸皮、玉米秸秆就可增收20万元，准备带动周边村民养牛，一头牛保底可赚4 000元。望江县康利家庭农场利用"稻＋鸭（鱼、虾）"种植模式，每亩节约农药和人工成本236元，收益加起来比一般种稻多1 500元。专业精深加工模式围绕主产品及副产品深度加工，变废为宝，增值效益。望江县联河米业利用加工废料，建成三组稻壳气化发电机组；开展碎米深加工，开发大米蛋白粉、米淀粉、米乳等高附加值产品，使碎米增值数倍。三产融合模式带动产生了一批发展势头好的粮食产业集群，提高了产业竞争力，以小生产博大市场，增强县域经济实力。延津县依托优质小麦资源财政创收1个多亿，试行了"订单＋期货"模式对冲风险，并创建全国第一家以优质小麦为主体的国家现代农业产业园，发挥了重要作用。怀远县引进五粮液集团、三全食品等知名企业，拉动家庭农场、合作社和农户构建现代产业化联合体，建立了专业分工、紧密结合的利益联结机制，实现从优质糯米产区到加工集群转变。

**3. 通过服务社会化、产业化、市场化，让先进生产技术进村入户到田** 发展产前、产中、产后各环节技术服务，促进服务专业化、精深化，形成分工明确、互相支持的粮食生产社会化服务体系，依靠现代科学技术、营销理念、服务意识，培育专业化的服务队伍，构建了与土地承包经营主体并行的生产主体，解决了农业技术到村入田"最后一公里"难题。

建立公共化的服务平台，实现农业技术服务的信息化、便利化。滑县开发微信小程序"滑县农管家"，设置专家咨询专栏，整合农机服务资源，农户线上进行技术咨询、下单预约田管服务。建立专业化服务公司，做到让利于民、互利共赢。望江县益民农资有限公司培训植保无人机飞手 80 余人，通过飞防带动农资销售，服务费从每亩 8 元降低到 6 元，收入全部归飞手，不仅帮农户节本增效，而且让飞手年收入达 10 万元。更为可贵的是，培养了一支年轻、热情、专业的基层服务队伍。建立综合性服务体，形成粮食全程服务"一条龙"。滑县焕永合作社、延津县联丰合作社、怀远县盛世兴农合作社都提供全程服务，在外务工农民无须费心、更不用农忙返乡，就能享受到全部技术服务。

**4. 通过建设生产载体、打牢农田设施，解决自然灾害造成的产量周期性波动**　过去我国粮食生产是"两丰两歉一平"的短周期，主要原因是建设标准低，普遍是"五年一遇""十年一遇"的标准。而粮食生产具有很强的公益性，通过压实政府农田基础设施建设"第一责任人"的责任，构建藏粮于地、划定粮食功能区、高标准农田建设"三位一体"的农田基础设施建设体系，打牢了抵御自然风险的物质技术基础，提升抵御重大灾害的能力，熨平自然灾害对产量带来的年际间波动，从而更有效地协调粮食供给与社会需求的关系。

河南在高标准农田建设上率先作出了有效探索。过去河南小麦单产低于山东，高标准农田建设后，单产在 2014 年超过山东。滑县投入 13.5 亿元建成 134.5 万亩高标准农田，其中位于白马坡的 50 万亩示范区，一望无际，非常震撼。江西创建了高标准农田建设办法和管理机制，提高了建设标准和效果，克服了管理各自为战、资金多头投入、建设多重标准等问题，变为指挥、建设、管理"三统一"，亩均投入从 1 200 元左右提高到 3 000 元，形成多级联动、多部门协作的建设管护机制。在洪灾期间，随着降雨过程结束、水位下降，农田可以做到快速排涝、迅速补种。

**5. 通过政治激励、政策倾斜，建立粮食发展的动力机制，解决主产区抓粮吃亏、农户种粮吃亏问题**　初步形成粮食发展的基本动力机制，解决两个"吃亏"问题。通过中央 1 号文件连续发力、政策持续支持，缓解主产区财政困难，解决产粮大县"吃亏"问题。通过生产支持和保障措施，弥补种粮成本，解决粮农"吃亏"问题。探索出农户增收不依赖粮、地方抓粮不妨碍经济增长的高质量发展之路。形成多种粮、种好粮、多存粮，贡献大、荣誉多、有实惠的粮食治理之道。

全国上下对粮食安全空前重视，得益于中央对粮食常抓不懈，对主产区和种粮农户的政策倾斜。粮食安全省长责任制是保证地方抓粮的"紧箍咒"，中央对产粮大县的奖励被地方津津乐道。调研从北到南、一路走来，主产区政府每每谈及被授予的产粮大县荣誉，无不骄傲与自豪，种粮农户也对各类补贴如数家珍。2020年疫情期间，主产区均表示责任重大、使命光荣，种粮主体都有一腔家国情怀，自觉主动抓粮种粮。通过调研，我们认为只要现有政策稳定不变并不断强化，农户种粮不赔钱，粮食生产就不会萎缩；只要想方设法做大做强粮食产业，推动经济多元化发展，粮食主产县也不意味着弱财政。丰城市同田乡供销合作社夏文平理事长说："不要担心，只要政策稳，就可以实现种粮面积稳"。该县基层干部和种粮大户普遍表示："只要现在政策继续稳定和不断完善，我们能够有把握面对不同年景和灾害，都能保证种粮丰收"。从县域经济发展来看，2019年丰城市财政收入超过80亿元；怀远县通过糯稻产业带动县域经济，经济总量在全省61个县中排名第11，超过许多非产粮大县。

总的看，夏粮稳定发展的态势已经形成。纵观全球，像我国这样把粮食安全作为治国安邦的头等大事、对粮食安全开展系统治理的国家十分少见。中国特色粮食治理之道，在历次全球危机中，粮食无一例外地稳定了国内经济社会的"战略后院"，彰显了"确保谷物基本自给、口粮绝对安全"粮食安全战略观的远见，验证了坚持"以我为主、立足国内、确保产能、适度进口、科技支撑"战略方针的正确性，充分体现了习近平总书记粮食安全思想的前瞻性、治国理政方略的科学性和中国特色社会主义制度的优越性。

## 二、2020 年夏粮丰收已经到手，秋粮生产势头良好，夺取全年粮食丰收有希望

在新冠肺炎疫情和汛期洪灾的双重夹击下，夏粮获得了来之不易的丰收，与此同时，秋粮面积稳中有增，长势普遍较好，如果后期不发生特别严重的大范围自然灾害，秋粮丰收大有希望。整体上，2020 年种粮积极性有恢复，重视粮食氛围有强化，种粮主体呈现新亮点，可望再夺全年粮食丰收。

面对疫情、灾情大考，习近平总书记强调，"要把保障粮食安全放在突出位置，毫不放松抓好粮食生产"。中央支粮政策密集出台，强调不让种粮人经济上吃亏，不让种粮大县财政上吃亏，极大地鼓舞了主产区。地方党委政府坚定不移贯彻部署，多措并举，夯实责任，抓粮效果明显。种粮主体响应号召，主动作为，种粮成绩显著。具体有以下 4 个方面。

**1. 上下一盘棋，确保粮食生产安全** 从中央层面来看，2020年中央新增 36.7 亿元支持恢复双季稻，籼稻最低收购价比上年提高 0.01 元、启动时间提前。农业部门科学调度组织跨区机收，小麦机收率达 97%。从地方层面看，江西提出"确保江西粮食主产区地位不动摇，确保对国家粮食安全贡献不减少"，增加 182.5 万亩早稻，占全国新增面积的 40%。7 月早稻受灾后，紧急筹备 237万千克种子免费发放灾区，确保晚稻应种尽种。其中，进贤县委书记表示："思想通，工作就通，思想不通，工作就容易落空。"全县各级书记亲自抓早稻，把面积分解到乡到户到村到人，对各乡镇早稻实行排位考核。最终完成早稻 54.8 万亩，超额 10%完成省里任务。

**2. 政企一条心紧抓返田复工复产** 疫情导致物流中断、化肥调运难、种子没着落、农机未检修。丰城市迅速协调当地化肥企业

复工复产，确保有肥可用；为农资运输车发放绿色通行证，打通交通梗阻；党员变成春耕"服务员"，集需求、列清单、上门送农资，不让一个农户掉队。为及时应对粮食价格上涨，进贤县粮食应急加工网点三粮米业全力开工，1～2天就有效平抑粮价。望江联合股份有限公司大年初四就复工，4个月内多次向湖北运送爱心大米共计4 336吨。

**3. 拧成一股绳抗洪抢险力挽损失** 洪灾中，进贤县的237公里围堤有184.7公里超警戒线。县领导靠前指挥，精心调动，灾情以来，县长一个多月未回家，带领全县抗大洪、抢大险、救大灾，打响了防汛抗洪抢险救灾的人民战争，做到"不破一寸堤、不死一个人"。根据汛情发展，政府积极引导农户抢收抢烘早稻。洪水一退，进贤县870台收割机集体抢收，日收割3.5万亩；427台烘干机全天无休，日烘干早稻8 000吨。

**4. 扶持粮食生产政策有力有效** 调研中，地方政府对种粮大县奖补政策最认可，认为其对恢复早稻面积功不可没。种粮农户最认可最低收购价政策，觉得最低收购价就是保护伞，让农户腰杆硬起来，不受粮贩子的气。即使托市政策微小的变化也牵动着粮农敏感的神经，2020年"托市限量，老百姓心理犯嘀咕，觉得不收了"。农户对补贴政策也很满意，对各种补贴了然于胸：怀远县盛世兴农合作社每亩获得大户补贴200元、水稻奖励补贴30元、社会化服务补贴100元；丰城市大户樊三胜购买12万元的烘干机获得了9万元补贴；延津县2017年曾对绿色优质麦补贴每斤0.1元，大户们说："这1毛把种优质麦的积极性调动起来了，希望这样好的政策延续着呗"。与粮农需求最匹配度的是社会化服务。望江县农户表示，在当地益民农资有限责任公司全程服务帮助下，"种水稻和种小麦一样方便，都自动化了，自己不用干什么活"。

### 三、坚定不移贯彻落实国家粮食发展战略，保持粮食持续丰收好势头，加快完善新时期粮食政策体系

2004 以来，我国夏粮连续 17 年丰收、粮食连续 16 年丰收，粮食生产正在步入持续稳定发展轨道。尤其在疫情大考面前，世界濒临 50 年来最严重粮食危机、全球 25 个国家面临严重饥饿风险时，我国粮食生产风景独好，表明我国粮食安全保障机制正在加快形成，彰显了我国粮食发展战略的科学性。当前全球疫情肆意蔓延，保护主义势力抬头、民粹主义横行，世界经济衰退，外部格局发生深刻调整，国际大循环动能明显减弱，国内正处于全面建成小康社会、打赢脱贫攻坚战的冲刺阶段，要遵循习近平总书记关于粮食安全的一系列重要讲话和指示精神，抓住机遇加快构建新时期国家粮食发展战略，进一步完善新时期粮食政策体系，可概括为以下 4 个主要方面。

**1. 坚定新时期粮食生产发展方针不动摇**　习近平总书记始终把粮食安全作为治国理政的头等大事，高屋建瓴地指出"中国人的饭碗任何时候都要牢牢端在自己手上，我们的饭碗应该主要装中国粮"，并对新时期粮食生产做了一系列战略部署。近期，中央作出了以国内大循环为主、国内国外两个循环相互促进的战略布局。我们认为，贯彻中央部署、坚持新时期粮食发展方针就是要做到，坚守"一个目标"，打造"两个机制"。即建立以国内大循环为主，立足国内实现粮食自主的战略目标，打造种粮大县财政上不吃亏机制、种粮农户经济上不吃亏机制，推动粮食主产区乡村振兴战略顺利实施，加快实现农业农村现代化。粮食生产要始终立足国内，确保任何情况、任何时候都能吃饱饭、实现粮食自主安全。中央要加大对粮食主产区转移支付和政策倾斜，保证主产区抓粮不吃亏。要强化政策支持，让种粮农户经济上不吃亏，且有收益、有地位、有

面子。

**2. 推进粮食主产区经济高质量发展** 要廓清一个误区,粮食生产不是财政收入少的缘由。让种粮大县财政上不吃亏是主产区县域经济高质量发展的前提,是国家制定粮食政策和确保粮食安全的底线。粮食大县不能将粮食基本盘丢掉,要坚持抓粮不动摇、不削弱。一方面,要加大财政转移支付力度,从顶层设计上统筹建立粮食专项发展补偿体系,以对粮食加工企业的免(减)税优惠额度作为中央对地方税收定量返还的核算依据;另一方面,要增强产粮大县粮食企业发展活力,深化国有粮食企业改革,鼓励企业发展粮食精深加工、开发功能性食品。利用技术驱动、资本驱动和市场驱动,做大做强粮食产业化集群、产业园,搞活粮食产业经济。

**3. 精准发力调动农户种粮积极性** 保证种粮农户经济上不吃亏,是制定粮食支持政策的基调,要实现各项惠粮政策综合发力、配套推进,做到"夯实一个基础,增加两种支持,完善三项补贴"。一个基础是加大高标准农田建设力度,提高建设标准,提升防灾抗灾减灾能力,为种粮农户降成本、抗风险。以"藏粮于地"为依托,加大对高标准农田建设及中低产田改造支持力度。采取先建后补、以奖代补、财政贴息等方式支持金融和社会资本投入高标准农田建设。引导社会力量开展农田建设,鼓励合作社和农村集体经济组织自主筹资投劳,参与农田建设和运营管理。两种支持是完善农业技术推广服务体系,为种粮农户提供科技支持;加快农机转型升级、创新农机服务模式,为种粮农户提供装备支持。建立以公共推广机构、社会力量并行的技术推广服务体系,政府公共服务着眼公共层面,生产过程服务主要依靠社会力量,以满足农户不同的需求。推动国产农机质量升级,加快"互联网+农机作业"服务模式创新,提升农机服务效率。三项补贴是构筑农业补贴、信贷政策、保险政策"三位一体"的联动支持体系,为种粮农户构建收入保障网。建立增量生产者补贴与保险、贷款的联动机制,增量补贴主要用于保费补贴、贷款贴息,使补贴隐性化,确保直接生产者受益,加快实施粮食收入保险。

**4. 强化粮食储备的保障和调节功能** 　新时期粮食储备要实现"两个对接"，坚持动态收储与市场需求紧密对接，建立与市场良性互动、与消费升级相适应的收储轮换机制，确保百姓吃上新鲜粮、放心粮、营养粮。坚持动态收储与生产结构调整紧密对接，细分品级和定价，做到分级分品种收购储存，对优质品种做到专收专储，发挥收储对粮食结构调整的引导作用。要培育和发展社会储备，降低政府储备成本、提高收储运作效率。支持有条件的种粮大户储备，提高储备烘干设施购置补贴，放宽仓储用地限制。适当开展企业动态储备，设定动态储备底线，严格轮换监管机制，做到企业加工与政府减负双赢。

**2020**

# 二、顾问团专家论文

# 新时代我国脱贫工作经验与展望

万宝瑞

## 一、我国扶贫工作取得了决定性胜利

2006 年我国全面取消农业税，终结了延续 2 600 年的"皇粮国税"，大幅减轻农民负担。一晃 10 多年过去了，现在不仅农民负担大幅减少，而且实现了全面脱贫，这是伟大的历史事件。自古以来，中华民族一直追求构建大同社会的梦想，如今终于实现。

从减贫规模上看，中国是世界上减贫人口最多的国家。改革开放 40 年间，中国共减少贫困人口 8.5 亿多人，对全球减贫贡献率超 70%。特别是党的十八大以来，以习近平同志为核心的党中央高度重视扶贫开发工作，把脱贫攻坚摆到治国理政的突出位置，先后就扶贫开发工作出台了一系列方针政策，使得农村贫困人口显著减少，贫困发生率持续下降。农村贫困人口从 2012 年底的 9 899 万人减少到 2018 年底的 551 万人，累计减贫 9 348 万人，创造了中国减贫史上最好成绩，提前 10 年实现联合国 2030 年可持续发展议程的减贫目标。截至 2020 年 11 月 23 日，国务院扶贫办确定的全国 832 个贫困县近一亿人口全部脱贫摘帽，全国脱贫攻坚目标任务已经完成，书写了人类历史上"最成功的脱贫故事"，创造了世界减贫史上的"中国奇迹"。

世界上没有哪一个国家能在这么短的时间内帮助这么多人脱贫。中国形成的扶贫攻坚体系、取得的成就，显示了中国共产党领导和社会主义制度的优越性，为全球减贫事业贡献了中国智慧和经验，对中国和世界都具有重大意义。

## 二、新时代我国脱贫工作经验

如何脱贫？如何防止返贫？这是我党一项重大的历史任务。党的十八大以来，以习近平同志为核心的党中央基于扶贫的现状和特点，开出了"精准扶贫"的"药方"，使全国扶贫工作取得了显著成绩和经验。

**1. 是扶贫干部树立了坚定的决心** 党的十八大提出"两个一百年"奋斗目标，向世界表明了中国的决心。在中国共产党成立一百年之际，全面脱贫、全面建成小康社会，这是中国梦的第一个宏伟目标。攻克这一难关，主要是在以习近平同志为核心的党中央正确领导下，各级政府和扶贫干部在思想上、行动上能够同党中央保持高度一致。这种决心不仅仅体现在心理上，更体现在扶贫干部的实际行动中，以愚公移山的信心、久久为功的耐心，付出真感情，迎难而上，赢得了群众的认可和支持。

**2. 各级政府敢于担当，尽职尽责，责任到人，任务到人** 各地各有关部门不折不扣落实"一把手"负总责，抓好规划引领、资金支持、示范带动和住村帮扶。各基层干部能够奋斗在脱贫攻坚一线，克服困难、埋头苦干，从摸清底数入手，对贫困户建档立卡，精确识别贫困户，通过动态机制有针对性地帮扶贫困人口，责任到人，任务到人。有效解决了"一锅煮"式的传统扶贫方式，较好地解决了职责不明、针对性不强的问题，确保脱贫攻坚决策部署落地落实。

**3. 因地制宜，突出特点，措施多样** 中央强调精准扶贫注重抓"六个精准"。即扶持对象精准、项目安排精准、资金使用精准、措施到户精准、因村派人精准、脱贫成效精准。根据中央的要求，各地区结合实际，坚持分类施策，因人因地施策，因贫困原因施策，因贫困类型施策。精准选择特色优势产业，结合贫困户实际，找准产业项目与贫困户增收的结合点，采取不同措施，让贫困群众在产业发展中得到实实在在的收益。

**4. 构建全民扶贫"大格局"，形成社会扶贫"大合力"** 脱贫事关全体民众，需要全社会广泛参与。为了打赢脱贫攻坚战，政府把企业、社会组织、个人等各方力量动员起来，汇聚社会各界力量，发挥各界优势。通过构建全民参与的扶贫大格局，群策群力，和衷共济，为扶贫贡献人力、财力、物力，助力产业发展，打了一场"人民战争"，对扶贫产生了巨大的推动作用。

**5. 建立完善检查监督机制，并定时公布扶贫进度** 针对扶贫工作可能存在的腐败、责任落实不力以及形式主义和官僚主义问题，各级政府把监督管理贯穿于整个扶贫工作的全过程，将扶贫工作纳入内部巡察和专项审计。管理并监督好扶贫资金的去向，做到专款专用，确保扶贫资金"筹得清楚""花得明白"，用在"刀刃"上。强化责任追究，夯实责任到人，强化工作纪律，确保各项安排部署落实到位。

# 三、新时代我国扶贫工作展望

回望过去，我国已经彻底告别贫困落后的面貌，精准扶贫落实到位，党中央的关怀遍及各地。展望未来，在新的历史时期，我国即将进入"后扶贫时代"，"十四五"规划《建议》提出，要实现巩固拓展脱贫攻坚成果同乡村振兴有效衔接。扶贫的重点任务应侧重两个方面：一是要继续稳定现有产业扶贫政策和措施，由解决绝对贫困转变为解决相对贫困；二是扶贫工作要与乡村振兴和区域协调发展相结合。为此，建议今后应从以下三个方面把握好扶贫工作。

**1. 建立回头看制度，定期报告脱贫情况** "行百里者半九十"，越是接近胜利，越是要小心仔细。打赢脱贫攻坚战后，要建立"回头看"制度，才能防止老问题反弹，遏制新问题滋生，才能对脱贫情况实现动态掌握和管理，巩固脱贫成果，才能防止返贫。

**2. 经济政策要向脱贫地区倾斜** 深度贫困地区完成脱贫攻坚

任务后，依然要继续予以政策倾斜和扶持。对"摘帽"的贫困县，要做到摘帽不摘责任、摘帽不摘政策、摘帽不摘帮扶、摘帽不摘监管（四个不摘），要保持教育、就业、社保、医疗、住房、环保、社会治安等全方位政策稳定性、连续性。把脱贫质量放在第一位，发挥其长效机制作用，坚决防止返贫情况出现。

**3. 构建稳定脱贫长效机制**　贫困地区虽然脱贫了，但生活相对困难的问题仍会存在，一些农村依然缺乏解困的内生动力，突出表现知识匮乏、技能缺乏、资本嫌贫和产业扶贫收效甚微等问题。要将产业扶贫与乡村振兴中的产业兴旺、乡村治理相衔接，与国家主体功能区的实施、区域协调发展相结合，完善城乡产业互动的利益联结机制。要把"扶志""扶智""扶德"以及乡村产业振兴作为构建长期稳定脱贫机制的主要抓手，把扶贫脱困工作锲而不舍地抓下去。

# 深化农村金融改革与乡村振兴

尹成杰

乡村振兴是"三农"工作的总抓手，是时代性的重大课题。深入研究农村金融与乡村振兴问题，对于总结经验、解决问题、深化认识，推动战略实施很有意义。本文围绕"深化农村金融改革与乡村振兴"问题，谈几点思考。

## 一、农村金融是乡村振兴的重要杠杆

乡村振兴，要解决"钱从哪来"的问题。要创新投融资机制，加快形成财政优先保障、社会资本积极参与的多元化投入格局。我认为，其中最为重要的是推进金融支持重点向乡村振兴倾斜，充分发挥农村金融的重要作用。

乡村振兴对农村金融的需求呈日益增长态势，这是由乡村振兴的总要求、总任务、总目标决定的。乡村振兴是世纪性、时代性的宏伟工程。实现乡村振兴"20个字"五句话的总要求，实现农业、农村两个现代化的总目标，实现"五个振兴""四个优先""三个全面"发展，要在2020年打胜脱贫攻坚战，补上"三农"领域小康短板、全面建成小康社会，迫切需要农村金融的支持。所有这些，都需要农村金融支持力度不断加大，投入总量持续增加，服务方式加快改善。

乡村振兴的一个最大最本质的特征是现代化。乡村振兴的现代化，是我国现代经济体系和国家现代化建设的重要组成部分。乡村振兴的现代化特征，充分体现在推进农业农村现代化、乡村治理现代化、实现人的全面发展上。现代化是乡村振兴的本质特征，越是实现现代化，资本有机构成越高，对财政、金融等投资的需求就越大。作为现代化的乡村振兴，离开现代金融的参与和支持，是不可想象的。金融是现代经济发展与管理的杠杆。从这个意义上说，乡村振兴的目标和任务的实现，在很大程度上依靠和取决于农村金融的完善和壮大，取决于农村金融的改革与创新，取决于农村金融的支持与力度。

应进一步明确农村金融在乡村振兴中的战略定位与作用。农村金融在新时代的乡村振兴中应有新作为、新使命、新贡献，要在脱贫攻坚和全面建成小康社会中有新作为，否则就失去农村金融的宗旨和意义。农村金融是乡村振兴的重要杠杆，是精准扶贫脱贫攻坚的有力支撑，是实现农村建成全面小康的巨大动力，是实现农业、农村两个现代化的推动力量。农村金融在乡村振兴中处于重要的战略地位，既不能缺位，更不能错位。既要搞好财政、税收、人才、科技等乡村振兴政策的顶层设计，更要搞好农村金融乡村振兴政策的顶层设计。应从乡村振兴战略的全局和任务出发，创新、强化、壮大农村金融，充分发挥农村金融对乡村振兴不可或缺的重要作用。

## 二、加快推进农村金融集成改革

党的十九大报告指出，"深化金融体制改革，增强金融服务实体经济能力""改革要扩面、提速、集成"。《乡村振兴战略规划》提出，"健全适合农业农村特点的农村金融体系，把更多金融资源配置到农村经济社会发展重点领域和薄弱环节，更好满足乡村振兴多样化农村金融需求。"2019 年、2020 年两年的中央 1 号文件都对深化农村金融体制改革作出明确具体部署。

改革开放特别是党的十八大以来，我国农村金融改革不断深化，积极发挥支持"三农"的作用，对支持实施精准扶贫脱贫战略、实现农村全面建成小康社会、推进乡村全面振兴等取得了积极成效。但是，按照实施乡村振兴战略的要求，以及农业农村现代化建设对金融多元化、多样化需求的要求，农村金融还亟须解决一些深层次问题，主要是农村金融均等化、普惠化程度低，农民缺乏贷款抵押担保条件，农村金融产品和服务供给不足，贷款交易成本较高，农村金融服务效率和质量亟待提高，与打胜脱贫攻坚战、全面实现建成小康的要求还很不适应。存在上述问题的一个重要原因是，农村金融改革缺乏系统性、集成性。因此，进一步解决农村金融问题的根本出路，在于进一步深入贯彻习近平总书记关于深化改革的重要论述，从历史、全局、战略的高度，突出农村金融改革的时代性、思想性和实践性，在"扩面、提速、集成"上下功夫，促进农村金融发展实现质量变革、效率变革、动力变革。

**1. 大力推进农村金融改革向系统集成转变**　深入贯彻落实习近平总书记强调的"改革要扩面、提速、集成"的重要论述，紧紧围绕农村金融效率和质量问题，推进农村金融系统集成改革，大力推进体制创新、方法创新、业态创新、产品创新。一方面，推进农村金融纵向系统集成改革。在农村金融体制内部，不再停留在单个环节、单个业务领域的改革，而是要实现全环节、全要素、全业务的集成改革。推进农村金融从体制到业态、从产品到服务，进行系统性、集成性、压茬性改革。从全国农村金融改革示范县暨广西田东县的经验看，应抓好六大体系改革，即重点抓好农村金融的组织机构体系、信用体系、支付结算体系、保证保险体系、抵押担保体系、村级服务体系的改革，提高农村金融改革的系统性、集成性。另一方面，推进农村金融改革与农村其他改革横向统筹集成改革。一些地方实践表明，目前的农村金融改革不能停留在自身改革阶段，而是要与农村其他相关的各项改革统筹融合，提高改革的整体效应。要把农村金融改革同基层财政改革、农村集体产权制度改革、承包地宅基地"三权分置"改革、产权交易改革、农业保险改革、农村经营体制改革等横向配套集成推进，解决农村金融运行中的深层矛盾和问题，打造农村金融改革的"升级版"。

**2. 大力推进农村金融改革向均等普惠转变**　农村金融服务均等化、普惠化，是破除城乡二元结构体制，实现城乡资源配置均衡化、高效化的核心与关键。应把农村金融服务均等化作为深化农村金融改革的重要取向，在农村综合改革进程中应深入推进农村金融供给侧结构性改革，消除城乡二元结构体制在农村金融领域的影响和弊端，合理配置农村金融资源。要大力转变农村金融服务理念和方式，改变和消除"重工轻农""重城轻乡""重大轻小"的偏狭意识。要从均等化、普惠化的金融服务取向出发，大力转变金融服务方式，科学调控金融资源配置，大力扶持民营经济和新型农业经营主体。要建立健全农村金融均等化、普惠化供给的程序和机制，要细化农村金融服务的规章制度和操作办法，提高农村金融供给效率和质量。

**3. 大力推进农村金融改革向实体实效转变**　农村金融的体制、机制及产品、服务方式，特别是放贷收贷方式，要适应新型农业经营主体和农业农村现代化新产业新模式发展的需要，要适应农业绿色发展和转型升级的需要，要适应种养业季节性、生命性、年度性、周期性的需要，把农村金融运行规则同农业经营特点、实体运行需求和自然规律有机结合起来。同时，要防止在农村金融产品供给过程中出现"难贷、抽贷、断贷、提前收贷"等现象，要对农村经营的实体实效高度负责，让农村金融消费主体和农村经营实体增强效益感、获得感和安全感。

**4. 大力推进农村金融改革向智能高效转变**　在现有农村金融管理和运行设施的基础上，积极应用大数据、互联网、云计算等现代信息技术，提高农村金融的智能化、智慧化水平。

**5. 大力推进农村金融改革向结构和机制优化转变**　广西田东县的经验是发展"农金村办""村镇银行"等新业态新模式，优化农村金融结构和网点布局，扩大农村金融网点覆盖面，促进农村金融供需双方精准对接，降低农村金融交易成本，提高农村金融供给效率和服务能力。

# 三、积极推进农村金融创新发展

随着深入推进农业供给侧结构性改革和乡村振兴战略的实施，随着质量兴农、绿色发展的农业产业的转型升级，随着数字农业、数字乡村发展，农村金融消费需求发生深刻变化，新的金融消费主体及其新需求日益增多。因此，应以农村金融消费新主体新需求为导向，创新农村金融产品和服务方式，提高与新时代农业农村现代化发展的适应度。

**1. 积极发展农村"六稳""六保"金融** 围绕农村"六稳""六保"重大任务，开发新产品，积极满足稳农保供、确保国家粮食和重要农产品供给安全、稳定农民工就业和开辟就业增收途径的金融需求。

**2. 积极发展绿色金融** 创设绿色金融政策，创新绿色金融产品，从支持农产品数量增长向质量提升转变，从扶持资源消耗环境型产业向扶持生态资源环保型产业转变。

**3. 积极发展城乡融合金融** 农村金融产品和服务要与城乡融合发展相适应。积极满足特色小镇、农字号小镇、商贸型小镇、产业强镇、"五区四园"建设的金融需求。

**4. 积极发展精准扶贫金融** 紧紧围绕实行精准扶贫脱贫攻坚战略，实现农村全面小康开发金融产品，提供金融对打胜脱贫攻坚战、补齐"三农"领域小康短板的有力支撑。

**5. 积极发展农村新产业金融** 积极满足农村生态产业、文旅产业、康养产业、休闲产业、养老产业发展对金融的需求，助力乡村产业兴旺。

**6. 积极发展新型经营主体金融** 积极满足农村家庭农场、种养大户、农民合作社、龙头企业、股份合作经济发展的金融需求。

**7. 积极发展农村现代基础设施金融** 积极满足现代农业农村设施、农机智能化装备、农村电网改造、农业农村"互联网＋"、农村电商等现代化农业农村设施发展的金融需求。

**8. 积极发展农村民生金融**　积极满足农村医疗、社保、养老、文化、教育等民生事业发展对金融的需求。

**9. 积极发展扩大农村内需金融**　积极满足农村新兴消费、新兴产业、新兴业态等对金融的消费需求。新时代农村金融消费的新主体新需求既是农村金融改革的任务，又是农村金融发展的不竭动力。

**10. 积极发展农业保险金融**　农业保险已成为农业农村重要的金融工具。要扩大农业保险覆盖面，增加保险品种，提高风险保障水平，积极开发适应新型农业经营主体需求的保险品种，积极探索重要农产品目标价格保险，以及收入保险、天气指数保险等品种。支持发展地方特色优势农产品保险、渔业保险、设施农业保险，完善森林保险制度。积极探索农业保险保单质押贷款和农户信用保证保险。深入推进农产品期货、期权市场建设，扩大"保险＋期货"试点，探索"订单农业＋保险＋期货（权）"试点。2020 年的生猪保险，由于非洲猪瘟疫情的影响，在一些非洲猪瘟暴发严重地区的保险机构由以前的"大数法则"参保，变成了"大数法则"赔付，不少保险机构仅此一项已不堪重负。这次猪瘟保险理赔集中、赔付体量巨大，启示我们应该抓紧健全完善农业保险、农业再保险、农业巨灾保险的"三位一体"的农保体制。面对"大数法则"赔付的自然灾害风险，再保险、巨灾保险应为保险公司分散风险，提高农业保险保障能力。

# 突出扶持重点，切实增强新型农业经营主体发展带动能力

陈晓华

产业振兴是乡村振兴的首要任务，加快培育从事农业生产和服务的新型农业经营主体，对于实现产业振兴和农业农村现代化具有重要意义。党的十八大以来，中央高度重视新型农业经营主体发展，习近平总书记多次强调，发展多种形式的适度规模经营，培育新型农业经营主体，是建设现代农业的前进方向和必由之路。为促进新型农业经营主体发展，"十三五"时期，党中央专门下发了《关于加快构建政策体系 培育新型农业经营主体的意见》，采取一系列扶持措施，有力推动新型农业经营主体发展进入快车道。据不完全统计，目前各类经营主体达 300 多万家，其中农民合作社有 200 多万家，农业服务组织近 90 万家，产业化龙头企业近 10 万家，新型经营主体日益成为现代农业发展的主导力量。深化对新型农业经营主体的认识，加快补齐短板弱项，切实增强其发展带动能力应当成为推动乡村产业振兴的重要抓手。

## 一、深化对发展新型农业经营主体重要性的认识

各国经验表明，农业现代化最根本的是要实现农业生产的规模化、集约化、产业化，并运用先进技术和营销方式，不断提升农业的质量和效益。在我国人多地少、小农占绝大多数的条件下，只有扶持新型农业经营主体发展壮大，才能促进小农户与现代农业有机衔接，走出一条中国特色的农业现代化道路。因此，增强新型农业

经营主体的发展带动能力具有重要的现实意义。

**1. 有利于保障重要农产品供给**　从调研看，各类家庭农场、农民合作社等新型农业经营主体已成为粮食生产和重要农产品供给的"生力军"。新冠肺炎疫情期间，许多家庭农场和农民合作社紧抓农业生产，动员和组织农民向城市运送蔬菜、水果等重要农产品；许多农业社会化服务组织不误农时，克服种种困难，为农户提供多种形式的生产服务，推进春耕生产。据统计，目前从事种养业的家庭农场占家庭农场总数的 98.2%；农民合作社 80% 以上从事种养业，产业涵盖粮棉油、肉蛋奶、果蔬茶等主要农产品生产；89% 的龙头企业从事种养业及其加工营销，形成了一体化产业链。各类新型农业经营主体在降低农业生产成本、提升农产品质量、保障农产品供给方面发挥着越来越重要的作用。

**2. 有利于带动农民增收致富**　带动小农户发展，是新型农业经营主体的使命和特征，是正确的发展方向。家庭农场是由小农户发展而来，农民合作社是农户多种形式的联合与合作，他们的发展壮大也意味着越来越多的小农户有了发展的保障。2019 年农民合作社经营收入 5 864.3 亿元，可分配盈余 840.2 亿元，通过入股分红等多种形式为每个成员平均二次盈余返还 1 257 元。2018 年，以龙头企业为引领的各类农业产业化组织带动了 1.25 亿小农户发展生产，年户均增收超过 3 200 元。特别是在脱贫攻坚中，9 700 多家省级以上重点龙头企业参与到产业扶贫进程中，通过土地流转、吸纳就业、订单收购、股份合作等方式，切实让贫困户获得稳定可持续的收入。这些年大量涌现的各类农业社会化服务组织，也有力促进了农业节本增效和农民增收。据测算，农户采取全程托管服务的形式，小麦每年每亩节本增效 300 元以上，玉米每年每亩节本增效 350 元以上。

**3. 有利于增强农业农村发展新动能**　各类新型农业经营主体虽然组合方式不同，功能定位各具优势，但他们对市场反应灵敏，对新品种新技术新装备适用能力强，勇于尝试新产业新业态新模式。在农村劳动力大量外流的背景下，他们的进入为农业农村注入新动能，是保持农村活力的重要因素。在许多农村可以发现，大量返乡下乡人员创办的农村电商、乡村旅游合作社，有力推动了农业产业形态的拓展和产业链条的延伸，加快了农业各产业功能互补、融合发展，激活城乡要素双向流动，形成互助多赢的利益格局，让广大农村和亿万农民更好地共同分享工业化、城镇化和农业现代化发展的红利与成果。

## 二、找准制约新型农业经营主体发展的短板弱项

目前，新型农业经营主体发展很快，数量增加很多，但总体来看仍处于发展的初级阶段，规模小、实力弱、规范化程度还不高，作用还没有完全发挥出来。找准经营主体的短板弱项，可以更好地调整扶持其发展。调研发现，各类新型经营主体目前存在的问题主要有以下四点。

**1. 部分经营主体名不副实**  有的合作社办社不是为了发展生产和增加成员利益，而是为了享受国家优惠政策；有的甚至套取补贴，没有为成员提供相关农业生产经营服务，更没有带动普通农户增收致富，成为有名无实的"空壳社"。近些年，通过"空壳社"专项清理，这类现象大大减少，但仍未完全禁绝。

**2. 部分经营主体实力不够强**  不少新型农业经营主体规模偏小、基础薄弱、质量不高，目前大多尚未完成产业链布局，生产经营仅局限于农产品产销环节，产品精深加工和开拓市场能力不足，难以抵御市场和自然风险，影响了自身发展和对农户的带动能力。调查发现，不少农民合作社呈现"大群体、小规模"特征，普遍缺乏必要的冷链物流、仓储加工、分选包装等设施；很多龙头企业处在产业链低端，产业上下游联系不紧密，极易受到关联企业经营波动的影响；还有不少农业社会化服务组织缺服务标准、缺技术规范，总体还处在粗放式增长、低水平竞争的阶段。

**3. 部分经营主体运行机制还不健全**　现实中不少农民合作社在股权设置、盈余返还、利益保障等方面，与合作社法律法规的要求存在较大差距。有的龙头企业仍以传统方式管理企业，缺乏与农户合作的经验，产权不清晰、管理不科学、财务不规范，难以形成高效的现代企业组织架构。部分集体经济组织缺乏完善的财务管理制度，集体成员民主管理、民主监督的权利没有很好落实。特别是各类经营主体普遍存在缺乏经营管理、市场营销和企业策划等方面人才，严重影响其健康运行和持续发展。

**4. 政策扶持还不精准**　目前，支持新型农业经营主体发展的政策大多通过部门条块下达，不同的部门实施不同的政策，政策之间缺乏整体性和衔接配套，与产业长远发展和主体的功能定位不完全匹配。同时，在政策落实方面，有的监管不到位、管理不规范，存在"一刀切""变化快""标准多"等现象，影响各类经营主体对扶持政策的预期。尤其是用地难、贷款难等"老大难"问题还不同程度存在，支持政策难以有效落地。

# 三、突出扶持新型农业经营主体的重点环节

从一些地方的经验来看，增强新型农业经营主体的发展和带动能力，既需要加大扶持力度，更要突出扶持重点，在完善扶持方式、提高扶持效能上下功夫，分类施策，精准发力。当前，应从经济增速放缓、财政收支压力增大的现实出发，争取增量、用好存量，真正把好钢用在刀刃上；应从构建现代农业生产体系、经营体系、产业体系的目标要求出发，着力打通产业链堵点难点，更好地支撑产业循环；应从农业各行业各产品的特征特性出发，发挥好各类经营主体的自身优势，加快形成各具特色、多种形式的农业规模经营路径方式。总之，要通过改革创新，充分发挥扶持资金和政策工具的引导作用，抓住关键环节，补齐短板弱项，推动新型农业经营主体走上高质量发展的轨道。

在"十四五"时期，应重点对不同农业产业、不同经营主体、不同生产环节采取以下扶持措施。

**1. 重点扶持"粮棉油"生产性服务组织，提高为农户服务的能力** "粮棉油"大田生产的规模化，一直是农业规模化经营的难点和重点。实践证明，在土地家庭承包的基础上，通过有效的社会化服务，可以实现连片种植、降低成本的规模效应，走出一条中国特色的农业规模经营道路。截至 2019 年底，全国农业生产托管服务总面积已达 15.1 亿亩次，其中粮食托管服务面积占 57.2%，深受农民欢迎。因此，应在现有农机服务、植保服务、供销服务的基础上，扶持引导各类专业服务组织向农业生产综合服务方向发展，支持服务组织根据农民意愿广泛开展单项、多项或全程托管的服务。可以考虑扩大农机以旧换新补贴的范围和品种，加快淘汰高耗能农机，更新农机装备。可以实行作业补贴制度，对深松深翻、秸秆还田、秸秆打捆回收等作业，通过互联网大数据，根据作业面积直接补到机手，推动农业绿色发展。可以采取以奖代补的方式，支持服务组织发展粮食烘干、代储等设施，尽力减少粮农损耗，为国家粮食安全提供有力支撑。

**2. 重点扶持"果蔬茶"农民合作社，提高农产品的营销能力** "果蔬茶"供应链不畅，产品买难卖难一直困扰着果农、茶农和菜农。采取"农户＋合作社"的生产经营模式，可以有效缓解农民单打独斗、打造品牌难、产品营销难等问题。近些年，随着产业扶贫工作的开展，"果蔬茶"特色产业和专业合作社发展很快，仅蔬菜合作社全国就近 20 万家，帮助"果蔬茶"合作社尽快提高产品营销能力，对巩固脱贫成果至关重要。因此，应在政府各类农村冷链物流、产地初加工建设项目中，优先安排"果蔬茶"合作社项目建设，扩大投资规模和范围，提高建设补助标准，力争在几年内使每个生产基地、每个农民合作社都具有产品清洗、分级、包装、预冷、转运的能力。同时，支持农民合作社通过电商平台，开展线上线下的营销，对受消费者欢迎的品牌，鼓励地方政府给予奖励，努力为社会提供更多绿色优质的"菜篮子"产品。

**3. 重点扶持畜禽水产龙头企业提高规模化养殖的能力** 养殖业产业链条长、自然和市场风险大，靠一家一户生产难以适应市场需要，因此，依托龙头企业走规模化、标准化的路子是必然选择。目前，养殖及加工龙头企业已占到各类农业龙头企业的 27.6%，向市场提供的养殖产品超过了 60%，显示了龙头企业独特的优势和作用。但从调查看，一些企业重加工、轻养殖的问题仍然存在，引导畜禽水产龙头企业下决心建设好原料基地，尽快提高规模化、标准化养殖水平，构建较为完整的现代产业体系应成为政策扶持的重点。可以制订专项行动计划，大力支持龙头企业与村社、农户合作，运用信贷保险工具，通过政府贷款贴息和保费补贴，企业承贷或担保，在符合环保和防疫要求的条件下，规划建设养殖小区和养殖基地，农户出劳饲养保底分红，企业提供统一供种、统一供料、统一防疫、统一技术指导、统一产品回收等服务，使农户、企业合作双赢，促进我国规模化养殖水平大大提升。

**4. 重点扶持乡村旅游村，提高集体经济组织公共服务能力**
乡村旅游以地域风光、民俗文化为支柱，是农村最具潜力的新产业。据统计，每年乡村旅游接待游客超过 10 亿人次，带动上千万农民就业增收，但仍与旺盛的需求存在差距。突出的问题是一些村基础设施落后，接待能力和条件较差。因此，应整合各方资源，制定统一规划，结合农村"村村通""厕所革命"和环境整治、电网通信设施改造等工程行动，在村党组织统一领导下，发挥村集体经济组织资产管理运营的功能作用，集中把乡村旅游重点村的公共基础设施改造提升一遍，拓宽进村公路和村内道路，建好停车场和公共厕所，改善用电通信条件，完成生活垃圾和水体整治，打造美丽乡村升级版，示范带动乡村振兴。

# 紧扣乡村振兴战略
# 加快推进农业农村现代化

江泽林

习近平总书记在吉林考察时强调，要抓住实施乡村振兴战略的重大机遇，坚持农业农村优先发展，坚持农业现代化和农村现代化一体设计，一体推进。习近平总书记的重要讲话，为探索农业农村现代化道路、破解新时代我国社会主要矛盾指明了方向路径。在新发展阶段，我们要紧扣乡村振兴战略，以新发展理念加快推进农业农村现代化。

## 一、建设产业兴旺的实力乡村

产业兴旺是破解农村发展矛盾的基本前提，也是挖掘农村内需潜力、助推构建新发展格局的战略基点。只有大力发展农村经济，加快现代农业三大体系建设，激发农业发展新活力，培育农村发展的新动力，才能形成农村百业兴旺的发展格局。

**1. 推进农村一二三产业融合发展** 将产业链、价值链、利益链等现代产业组织方式引入农业，通过多业态打造、多主体参与、多机制联结、多要素发力，构建种养加、产供销、农旅文等多元融合的现代农业产业体系。支持开展"订单收购＋分红""农民入股＋保底收益＋按股分红"等合作模式，确保农业收益和农民利益。以休闲农业、乡村旅游、农村电商等新产业新业态新模式为引领，实现多种产业融合方式。大力发展现代农业产业园、融合发展先导区、智慧农场、田园综合体等产业融合载体，建立利益联结紧密、配套服务完善、组织管理高效的示范平台。加快推进农业供给侧结构性改革和农村重点领域改革，激发农村资源要素活力，实现农业生产、农民生活、生态保护等多种功能的深度融合。

**2. 强化科技要素支撑作用**  贯彻习近平总书记在吉林视察时关于"农业现代化，关键是农业科技现代化"的重要指示精神，聚焦"农田、农机、农技"，促进农业科技化、水利化、机械化、生态化、信息化和标准化发展。围绕构建国家粮食安全产业带，积极建设高标准农田和农田水利设施，夯实现代农业发展基础。坚守耕地红线，规范耕地占补平衡，防止耕地"非农化""非粮化"开发，提高粮食和重要农副产品供给保障能力。加快技术创新，提高农业劳动生产率和全要素生产率。高度重视种子作为农业"芯片"的关键性作用，开展种业自主创新和种源"卡脖子"技术攻关。加强对科技带头人、种养规模经营大户、新型职业农民的科技培训，逐步形成"专家＋农技人员＋基地＋科技示范户"的农业科技信息服务推广模式。

**3. 建设集约高效的组织服务体系**  推进新型经营主体组织化建设，降低市场风险和交易成本。夯实家庭农场和农民合作社基础地位，发挥龙头企业示范引领作用。系统开展农民职业教育，培养农民的合作精神与现代契约精神。构建"新型经营主体＋社会化服务＋适度规模经营"的农业现代化发展路径，实现农业生产要素规模化、农业经营规模化、农业社会化服务规模化和农业产业融合规模化，破解"小农户与大市场""小规模与现代化"之间的矛盾，促进小农户与现代农业发展有机衔接。

## 二、建设宜居宜业的美丽乡村

生态宜居，就是要保护好乡村绿水青山和田园风光，其根本是要实现美丽乡村建设与农业现代化发展相得益彰。科学把握生态宜居与经济发展之间的辩证关系，牢固树立和贯彻落实"绿水青山就是金山银山"的理念，保护利用好山水林田湖草系统，全面实现农业绿色发展、农村生态文明进步。

**1. 推进农村生态产业化和产业生态化**　加强农村生态文明建设，持续革新绿色生产方式，把生态资本变成富民资本。降低资源消耗，减少环境污染，提供竞争力更强的生态产品和服务。做大做强生态产业，推动改善农业生态系统，恢复和提升农村生态环境，增强农业可持续发展能力；强化绿色生态要求，制定生态产品和服务的统一标准，加强对生态产品和生产全过程的生态性管理。

**2. 改善农村人居环境**　将生态文明建设与乡村文化建设相结合，农村人居环境整治与农民精神文明进步相结合。推进农业面源污染防治，加快地下水超采、水土流失等治理和修复。积极开展农村垃圾治理、生活污水治理，加强河道综合治理，推进"厕所革命"，去除乡村生活陋习，实现村庄绿化美化、村容村貌整体提升。

**3. 强化乡村环境系统治理**　以创新生态补偿机制、产权制度、治理体系为重点，发挥体制机制对治理环境的引领保障作用。开展农业生态环境治理，强化土壤污染管控和修复，保护和利用好黑土地这个"耕地中的大熊猫"；一体化推进治水、治气、治土工程，推广测土配方施肥、绿色防控和统防统治等技术措施，推行农业标准化清洁生产。

# 三、建设留住乡愁的魅力乡村

乡风文明，就是要大力传承中国乡土文化。通过弘扬中华优秀传统文化，促进农耕文明与现代文明相融共生，使"美丽乡愁"变成生产力，是农业农村现代化内在要求和持久保障。

**1. 坚持正确导向**　以社会主义核心价值观为引领，积极倡导科学文明健康的生活方式，强化农民群众思想道德建设。弘扬中华传统美德，将农村优秀文化资源转化为教育资源，加快农村社会公德、家庭美德与个人品德建设。

**2. 保护地域特色文化** 突出乡村的独特性和多样性，合理确定村庄布局分类，注重历史文化名村、文物古迹、传统村落、民族村寨、传统建筑等文化遗产的保护工作，积极开展对民俗、民风、民居等文化要素的保护。打造一批留得住乡愁的传统村落和特色风貌乡村，提升乡村振兴文化质感。

**3. 焕发乡村文明新气象** 加强农村思想道德建设，推进农村移风易俗。弘扬家庭和睦、尊老爱幼、科学教子的家庭新风尚；建设邻里守望、诚信重礼、勤俭节约的质朴风气；培育农民群众的社会责任，强化农民群众在乡村建设中的主人翁责任感，推动形成文明乡风、良好家风、淳朴民风，改善农民精神风貌，提高乡村社会文明程度。

# 四、建设和谐有序的善治乡村

治理有效，就是要创新乡村社会治理，完善和提升国家治理体系和治理能力，充分体现坚持以人民为中心推进农业农村现代化发展理念。党的十九大报告提出健全自治、法治、德治相结合的乡村治理体系，为推动乡村治理现代化提供了坚实基础。

**1. 强化基层党组织的领导作用** 发挥中国特色社会主义政治制度的优势，在构建现代乡村社会治理体系中突出发挥党委、政府、社会、公众等各方面作用。立足于实现公共利益的最大化，加快推进治理方式和手段的多元化，建立尊重农民、清正廉洁、敢于负责的基层组织。突出抓基层、强基础、固基本的工作导向，强化五级书记抓乡村振兴制度保障。选优配强基层党组织干部队伍，把农村基层党组织打造成为具有政治领导力、思想引领力、群众组织力和社会号召力的坚强战斗堡垒，吸引各类人才在乡村振兴中建功立业。

**2. 完善"三治"结合的乡村治理体系** 加快构建党组织领导的乡村治理体系，创新乡村治理方式，提高乡村善治水平。坚持自治、法治、德治相结合的治理结构，充分发挥党组织、社会组织和自治组织的乡村治理功能。在基层党组织的领导下，完善群众自主议事、自治管理、自我服务机制，提高村民自治能力。加强农村法治宣传教育，增强基层干部法治观念，提高农民群众法治素养；强调道德教化作用，塑造尊老爱幼、济贫扶弱、维护公益的道德标准，激发广大农民群众积极性、主动性、创造性，打造充满活力、和谐有序的善治乡村。

## 五、建设共享共富的幸福乡村

生活富裕，就是要通过现代农业的发展，使农民平等参与农业农村现代化进程，不断满足广大农民群众对美好生活的需要，最终实现全体人民共享成果、共同富裕。这是实现农业农村现代化的根本要求，充分体现了中国特色社会主义制度优势。

**1. 拓宽农民的增收渠道**　发展高效优质特色农业，打造新产业、新业态，建立农民持续增收长效机制，增加农民家庭经营收入；应对新冠肺炎疫情给农民工就业带来的挑战，加大失业或就业困难农民工返乡就业创业的支持力度，提供更多务工就业路径，增加农民工资性收入；加快推进农村资源要素市场化，积极利用大数据、信息、管理等现代要素，保障农民以生产要素入股的财产权利，提高生产要素增值率，增加农民财产性收入；关注农村内部收入差距扩大趋势，创新收入二次分配机制，提高农村社会保障水平，增加农民转移性收入。

**2. 持续巩固脱贫攻坚成果**　结合脱贫地区和脱贫农户的实际情况，建立解决相对贫困的长效机制。通过加大对脱贫地区产业、技术、设施、营销等支持力度，激发脱贫地区内生发展动力；通过建立防止返贫动态监测和帮扶机制、常态化监测和分类帮扶易返贫致贫人口，实现巩固拓展脱贫攻坚成果同乡村振兴的有效衔接。

**3. 加快补齐农村民生短板**　推动城乡基础设施互联互通，缩小城乡发展差距。围绕普惠性、兜底性、基础性农村民生建设，持续跟踪完善农村路、水、气、网等基础设施建设。提高基本公共服务供给质量，完善社会保障和救助体系，推进平安乡村建设，实现城乡基本公共服务均等化和城乡居民生活质量等值化。

**4. 促进农民全面发展** 优化农民全面发展的社会环境，使农民在养老、医疗、教育、住房等方面得到全面保障。推动城乡教育和健康事业一体化发展，优先发展农村义务教育，开展文化下乡活动，推进健康乡村建设，全面提高农民文化素质和身体素质。创新乡村人才培育引进使用机制，强化乡村振兴人才支撑，为农民全面发展注入新动力。

## 六、建设"四化"同步的活力乡村

农业农村现代化是一个不断发展的过程，需要不断注入发展动力。新型工业化、城镇化、信息化、农业农村现代化同步发展、互动互联，既是解决"四化"短板和"城乡发展不平衡、农村发展不充分"的有效途径，也为农业农村现代化提供了不竭动力。

**1. 以新型工业化推进农业现代化** 发挥新型工业化的技术优势推进农业机械化发展，实现工业系统与农业系统的要素整合。依托特色资源培育引进一批综合竞争能力和引领带动能力强的龙头企业；因地制宜建设一批规模化、专业化和组织化的生产基地；聚焦市场需求发展农产品加工业，实现农业产业化经营。

**2. 以城镇化促进城乡融合发展** 城镇化与农业农村现代化是城乡融合发展的两个方面。要加快推进新型城镇化建设，积极发展中小城镇，完善综合承载能力。要把县域作为城乡融合发展的重要基石，通过吸纳农村剩余劳动力，促进农业转移人口市民化。要健全城乡融合发展体制机制，提高农业生产效率，促进乡村繁荣发展；加快农业农村高质量发展，扩大农业产品规模、提升农业商品质量，保障城镇建设中广阔市场需求与要素供给。

**3. 以信息化加快农业技术革新和商业模式创新**　信息化深刻改变经济社会各个领域，也为农业和农村注入高质量发展动力。要利用信息化手段推进农业智能化建设，释放数据要素对农业贡献的叠加与倍增作用，不断革新农业生产技术，实现农业、水利、气象、地理数据资源的共享和主要作物精准监测。创新农业经营模式和商业模式，大力发展农村电商，开展名优农产品直播带货活动，拓宽营销渠道。

当前，我国正处于全面建设社会主义现代化国家新征程的开局之时，在向第二个百年奋斗目标迈进的重要历史关口，加快实现农业农村现代化是补齐"三农"短板、巩固全面建成小康社会成果、建设社会主义现代化强国、实现中华民族伟大复兴中国梦的物质基础。要认真贯彻落实习近平总书记在吉林考察时的重要讲话精神，紧扣乡村振兴战略，着力推进农村产业、生态、文化、治理和生活全方位现代化，擘画出农业高质高效、乡村宜居宜业、农民富裕富足的美丽图卷。

# 坚持以深化供给侧结构性改革为主线

黄守宏

推进供给侧结构性改革，是以习近平同志为核心的党中央深刻洞察国际国内形势变化，科学把握发展规律和我国现阶段经济运行主要矛盾，作出的具有开创性、全局性、长远性的重大决策部署，是习近平新时代中国特色社会主义思想的重要理论创新成果，也是解决突出矛盾和问题、推动经济社会持续健康发展的治本良方。《中共中央关于制定国民经济和社会发展第十四个五年规划和二〇三五年远景目标的建议》强调，"十四五"时期经济社会发展要以深化供给侧结构性改革为主线。对此，我们要深入学习，全面理解和把握。

## 一、实施供给侧结构性改革是重大理论创新和实践创新

"十三五"之初，我国经济社会发展面临很多新情况新问题：国际金融危机深层次影响持续蔓延，世界经济复苏乏力，全球贸易低迷，保护主义上升。我国经济发展进入新常态，经过多年快速发展，长期积累的矛盾和问题日渐凸显，经济发展面临"四降一升"，即经济增速下降、工业品价格下降、实体企业盈利下降、财政收入下降、经济风险发生概率上升。这些突出矛盾和问题，有周期性、总量性因素，但根源是重大结构性失衡，主要表现为"三大失衡"，即实体经济结构供需失衡、金融和实体经济失衡、房地产和实体经济失衡。在这种情况下，单纯依靠刺激需求难以解决结构性矛盾，

必须更多地从供给侧发力。在综合分析世界经济长周期和我国经济发展新常态基础上，以习近平同志为核心的党中央决定实施供给侧结构性改革，并将其作为经济发展和经济工作的主线，重点是解放和发展社会生产力，用改革的办法推进结构调整，减少无效和低端供给，扩大有效和中高端供给，增强供给结构对需求变化的适应性和灵活性，提高全要素生产率。以供给侧结构性改革为主线，是对我国经济发展思路和工作着力点的重大调整，是化解我国经济发展面临困难和矛盾的重大举措，也是培育增长新动力、形成先发新优势、实现创新引领发展的必然要求和选择。

供给侧结构性改革是对马克思主义政治经济学的创新发展。习近平总书记关于供给侧结构性改革的一系列重要论述，回答了供给侧结构性改革为何改、改什么、怎么改等重大问题，明确了供给侧结构性改革的根本目的、主攻方向、本质属性、战略战术、主要任务、重大原则、实现途径，思想深刻、内容丰富，是系统的理论创新，是中国特色社会主义政治经济学的重大创新和发展，为推进供给侧结构性改革指明了方向、提供了遵循。供给侧结构性改革理论同西方经济学的供给学派有本质的区别。它既强调供给又关注需求，既突出发展社会生产力又注重完善生产关系，既发挥市场在资源配置中的决定性作用又更好发挥政府作用，既着眼当前又立足长远。从马克思主义政治经济学的角度看，供给侧结构性改革的根本，是使我国供给能力更好满足广大人民日益增长、不断升级和个性化的物质文化和生态环境需要，从而实现社会主义生产目的。

经过艰苦努力，"十三五"时期供给侧结构性改革不断深化。钢铁、煤炭等重点行业去产能目标完成，一批落后产能和僵尸企业出清，重点行业供求关系发生明显变化，传统产业加快转型升级。结构性去杠杆稳步推进。企业制度性交易成本和生产经营成本不断降低。重点领域补短板力度加大。重大科技创新成果不断涌现，战略性新兴产业和现代服务业加快发展，新技术、新产业、新业态迅速成长，在应对新冠肺炎疫情和促进经济社会秩序恢复中发挥了重要作用。我国经济实力、科技实力、综合国力跃上新的大台阶，经济运行总体平稳，经济结构持续优化，人民生活水平显著提升。实践充分证明，以习近平同志为核心的党中央关于深化供给侧结构性改革的决策是完全正确的，是改善供给结构、提高经济发展质量和效益的治本之策。

## 二、"十四五"时期我国经济运行主要矛盾仍然是供给侧结构性的，必须坚持以供给侧结构性改革为主线不动摇

综合分析国内外形势和我国发展阶段性特征，"十四五"时期制约我国经济发展的因素，供给和需求两侧都有，但矛盾的主要方面仍在供给侧，必须在适度扩大总需求的同时，着力加强供给侧结构性改革，着力改善供给结构，提高供给体系质量和效率。

从外部环境看，世界进入动荡变革期，全球经济结构发生深刻调整。当今世界正经历百年未有之大变局，新一轮科技革命和产业变革深入发展，同时国际环境日趋复杂，新冠肺炎疫情影响广泛深远，经济全球化遭遇逆流，世界经济陷入严重衰退，全球市场有效需求萎缩，单边主义、保护主义、霸权主义对世界和平与发展构成威胁，经贸摩擦加剧。在多种因素综合作用下，全球产业链供应链面临调整和重塑，部分高端制造业向发达国家回流、中低端制造业向要素成本低的发展中国家迁移。在这个大背景下，我们需要从供给侧发力，找准在世界供给市场上的定位，因应全球产业链供应链变化，以更高质量的产品和服务供给，提升我国在全球供应链、产业链、价值链中的地位，培育国际经济合作和竞争新优势。

从国内看，我国已转向高质量发展阶段，发展不平衡不充分问题仍然突出。我国经济发展正处在转变发展方式、优化经济结构、转换增长动力的攻关期，继续发展具有多方面优势和条件，但面临

结构性、体制性、周期性问题交织叠加的困难和挑战，长期积累的结构性问题仍然突出，"三大失衡"问题没有根本解决，新的供需结构性问题还在不断出现。我国产业总体上仍处于国际分工产业链、价值链中低端，供给体系质量不高，高端供给短板明显，关键核心技术"卡脖子"问题更加突出，创新能力不适应高质量发展要求。新冠肺炎疫情对我国供给和需求都带来冲击和影响，经济增长下行压力持续加大，但这种冲击和影响是外生性的，没有改变我国经济运行内在机理和长期向好的发展趋势，也没有改变我国经济结构中存在的供需不匹配问题。"十四五"时期供给侧结构性这一经济运行主要矛盾没有变，经济社会发展的主线及工作着力点就不能变。

加快构建以国内大循环为主体、国内国际双循环相互促进的新发展格局，是"十四五"时期的重大战略任务，对深化供给侧结构性改革提出了新的要求。2019年，我国人均国内生产总值已达到1万美元，中等收入群体不断扩大，居民多样化、个性化、高端化需求与日俱增，消费结构正在优化升级，拥有超大规模并极具发展潜力的消费市场。同时，我国正处于新型工业化、信息化、城镇化、农业现代化深入发展阶段，扩大有效投资、优化投资结构的潜力很大。巨大的内需规模和需求结构的加快转型升级，是我国经济的最大优势和潜力所在。只要把这个优势和潜力充分发挥出来，就能形成拉动经济发展持久而强劲的动力。但是，超大规模市场优势和内需潜力的充分发挥不会自然而然达到，必须依靠深化供给侧结构性改革，优化供给结构、改善供给质量，提升供给体系对国内需求的适配性，打通经济循环堵点，提升产业链、供应链的完整性，使国内市场成为最终需求的主要来源。只有这样，才能促进形成强大国内市场，使生产、分配、流通、消费更多依托国内市场，形成需求牵引供给、供给创造需求的更高水平动态平衡，实现更高质量、更有效率、更加公平、更可持续、更为安全的发展。

## 三、持续深化供给侧结构性改革，推动我国社会生产力水平实现整体跃升

"十四五"时期，要根据我国发展环境的深刻复杂变化，围绕实现经济社会发展主要目标，坚定不移贯彻新发展理念，坚持以供给侧结构性改革为主线，坚持扩大内需这个战略基点，加快培育完整内需体系，把实施扩大内需战略同深化供给侧结构性改革有机结合起来，以创新驱动、高质量供给引领和创造新需求，增强经济持续增长动力。

深化供给侧结构性改革、推动高质量发展，管总的要求是"巩固、增强、提升、畅通"八字方针。要更多采取改革的办法，更多运用市场化、法治化手段，将供给侧结构性改革不断引向深入。一是巩固"三去一降一补"成果。继续推进"破、立、降"，推动更多产能过剩行业加快出清，淘汰关停环保、能耗、安全、质量等方面不达标的企业，减少无效和低端供给，扩大有效和中高端供给，为新兴产业、绿色产业发展腾出空间。落实和完善减税降费政策，清理规范各类涉企收费，降低全社会各类营商成本，有效减轻企业负担。着眼于既促消费惠民生又调结构增后劲，加大基础设施等领域补短板力度。二是激发各类市场主体活力。把市场主体的活跃度保持住、提上去，是促进经济持续健康发展、保障和改善民生的关键所在。要坚持"两个毫不动摇"，加强产权和知识产权保护，建设高标准市场体系，完善公平竞争制度，建立公平开放透明的市场规则和法治化营商环境，发挥企业和企业家主观能动性，发展更多优质企业。加快土地等要素市场化步伐，破除各类要素流动壁垒。三是提升产业链、供应链现代化水平。坚持把发展经济着力点放在实体经济上，着力推进产业基础高级化、产业链现代化。要充分发挥我国社会主义制度能够集中力量办大事的显著优势，改善科技创新生态，激发创新创造活力，打好关键核心技术攻坚战，加速科技

成果向现实生产力转化，注重利用技术创新和规模效应形成新的竞争优势。强化工业基础能力建设，推动制造业高质量发展，培育和发展新的产业集群。加强国际产业安全合作，更好地吸引全球资源要素，形成更具创新力、更高附加值的产业链。四是畅通国民经济循环。要加快建设统一开放、竞争有序的现代市场体系，贯通生产、分配、流通、消费各环节。深化金融体制改革，调整优化金融体系供给结构，提高金融体系服务实体经济能力。推动国内市场和生产主体、经济增长和就业扩大、金融和实体经济实现良性循环，协同推进强大国内市场和贸易强国建设，充分利用国内国际两个市场、两种资源，加快构建新发展格局。

深化供给侧结构性改革，要着力营造良好的政策环境和制度环境。坚持把供给侧结构性改革主线贯穿于宏观调控全过程，健全宏观经济治理体系，完善宏观经济政策制定和执行机制，加强国际宏观经济政策协调，提高逆周期调节能力，促进经济总量平衡、结构优化、内外均衡。财政政策要更好发挥推进结构调整的优势和作用，货币政策要营造稳健适宜的货币金融环境，加强财政、货币、就业、产业、区域等经济政策协调，更有效服务深化供给侧结构性改革、促进实体经济发展。要全面深化改革，构建高水平社会主义市场经济体制，健全长期稳定可预期的制度安排，充分发挥市场在资源配置中的决定性作用，更好发挥政府作用，推动有效市场和有为政府更好结合，为深化供给侧结构性改革创造有利的环境条件，推动质量变革、效率变革、动力变革，使发展成果更好地惠及全体人民，不断实现人民对美好生活的向往。

# "十四五"期间蔬菜产业发展的
# 若干问题思考

薛 亮

近年来,蔬菜产业发展较好地满足了市场供应的需求,为增加农民收入作出了很大贡献,也在脱贫攻坚中发挥了重要作用。在当前推进乡村振兴、加快农业农村现代化的新征程中,蔬菜产业也将实现新的发展,作出新的贡献。

## 一、当前蔬菜产业的形势

### (一)总量平衡有余,品种结构趋优,质量总体安全

近十年来,全国蔬菜产业稳定发展,蔬菜播种面积和总产量均呈稳定上升趋势。近三年来,蔬菜种植面积保持在 3 亿亩以上,产量 7 亿吨以上,蔬菜播种面积由 2010 年的 26 147 万亩增长至 2019 年的 31 294 万亩,年均增长 2.02%;蔬菜总产量由 2010 年的 57 265.2 万吨增长至 2019 年的 72 102.7 万吨,年均增长 2.59%,全国人均占有量 515 千克。总量上已经彻底摆脱供需短缺状况,进入平衡有余的阶段。

蔬菜品种日益丰富,结构持续调优。我国蔬菜供给不仅总量充足,花色品种也日益丰富。设施蔬菜面积不断扩大,种植品种多样化,据农业农村部蔬菜生产信息监测数据,2017 年全国 30 种主要蔬菜都有设施栽培,不但让北方地区彻底告别了储藏大白菜、萝卜、土豆作为冬季"看家菜"的历史,而且在冬春淡季也能为市场

提供数十种新鲜蔬菜。

蔬菜质量安全形势持续稳定向好。各级政府在加强农业投入品源头监管上持续发力,严格禁止使用高毒高残留农药,大力研发示范推广化肥农药减量增效技术,菜农的安全用药意识也不断增强。农业农村部农产品农药残留例行监测结果显示,2008 年以来,全国蔬菜农药残留监测合格率稳定在 96% 以上,其中 2017—2020 年稳定在 97% 以上,蔬菜食用总体安全。

## (二)产业发展面临新形势新挑战

随着市场需求结构不断提升,蔬菜产业发展不平衡不充分的矛盾凸显,面临一系列新挑战。

**1. 农业劳动力供给短缺** 蔬菜生产是劳动密集型产业,目前大部分生产环节还离不开人工作业。当前全国菜田劳动力的构成,出生于 20 世纪 50～60 年代的劳动力是主力军,出生于 40 年代的劳动力约占 15%,出生于 70 年代的劳动力占比不足 5%,"80 后"更少见。未来 5 年,出生于 20 世纪 40、50 年代的劳动力将陆续退出,蔬菜生产只能靠"60 后"劳动力来承担,"谁来种菜"将成为一个突出的现实问题,传统的蔬菜生产方式将难以维系。

**2. 蔬菜产业比较效益下降** 虽然在种植业中蔬菜的比较效益总体仍然是高的,但是蔬菜平均成本收益率自 2012 年以来就一直呈现下降趋势。蔬菜平均人工成本逐年增长,从 2011 年的 1 693 元/亩,增长至 2018 年的 2 494 元/亩,年均增长 5.69%。蔬菜平均人工成本占总成本的比重从 2011 年的 41.08% 上升到 2018 年的 55.21%,上升了 14.13 个百分点,是种植业中人工成本升幅最高的。用工多以及人工成本不断上升的趋势将成为蔬菜生产最主要的障碍。

**3. 消费升级对蔬菜供给提出新要求** 按照联合国的贫富标准,富足区间居民的恩格尔系数为 20%～30%,"十三五"期间中国的恩格尔系数持续下降,从 2016 年 30.1% 降至 2019 年 28.2%,这意味着全国居民进入了由数量消费向质量消费跨越的历史新阶段。这种消费升级将对蔬菜品质和营养的要求提升，对品牌蔬菜消费需求越来越强烈，对鲜切菜等便利化加工蔬菜需求日益增加，这对于长期以来以数量保障为主、大路货为主的蔬菜生产供应模式带来重大挑战。

**4. 科技支撑亟待加强**　目前，蔬菜行业的科技水平远不能适应现代蔬菜产业发展的需要，市场对具有自主知识产权的高品质蔬菜种子需求不断扩大，对以化肥农药减施增效为重点的绿色高效生态栽培模式的要求十分迫切，全面推进生产机械化和设施调控自动化智能化迫在眉睫，采后处理及加工技术滞后的状况亟须改变。

**5. 蔬菜产销理念和模式发生更新与变革**　蔬菜产销理念和模式已经从产啥卖啥转变到为卖而产，从自产自销转变为专业化商品生产，从集市贸易转变为全国大市场和直销配送，但还存在因局部产销失衡造成区域性、季节性、品种结构性过剩或不足的问题。因此，如何遵从市场规律、利用市场信号逆向统筹全产业链经营，如何适应、应用新型电商营销模式等成为一个重大挑战。

## 二、"十四五"期间蔬菜产业发展需要重点研究的几个问题

当前，我国跨入了全面建设社会主义现代化国家的新发展阶段，我国农业也进入了全面推进乡村振兴、加快农业农村现代化的新阶段。在蔬菜产业下一步发展中，必须贯彻新发展理念，确立新发展思路，深化蔬菜产业供给侧结构性改革，推动蔬菜产业高质量发展，满足消费需求升级的要求，为构建新发展格局作贡献。在未来五年或更长一段时期，蔬菜产业发展要重点研究解决以下几个问题。

## （一）进一步增强蔬菜保供能力，实现供需更高水平的动态平衡

**1. 着力缓解部分不均衡问题**　全国蔬菜生产供应总量已经达到平衡有余，但是部分品种在局部区域季节性过剩或不足现象每年都有发生，导致供应不均衡，引发市场价格和农民收益大起大落。产生原因有种植面积增减、天气变化、上市时间以及外部资本介入等复杂因素。当前蔬菜生产跟着市场信号走，市场的不平衡是绝对的、平衡是相对的，现在的问题是要减小市场波动曲线的振幅，缓解大起大落，争取相对均衡。对此，重要的是要进一步加强信息预警作用，建立互惠共享机制，引导蔬菜生产经营者及时进行必要的产销调整，稳定种植，错峰上市，规避市场风险。

同时，应积极探索建立保供计划指导下民生蔬菜生产者价格补偿机制，以大中城市为基点，将需要常年保供的蔬菜在优势区域安排一定的计划种植，政府设立民生蔬菜保供基金，当因自然灾害或市场价格暴跌造成生产者经济损失时，由保供基金或专项政策保险给予生产者价格补偿，以维持最低供应保障。

**2. 努力增加优质产品比重**　市场对优质蔬菜需求的增长是必然趋势，对此，一是要在生产环节全面提高科技水平，品种培优，科学栽培保优，光、温、水、肥、气合理调控，精准控制化肥农药，增施有机肥益生功能菌，产出高品质产品。二是推动生产组织化提升，实行优质产品的专业化规模化生产和营销，同时大力打造品牌，形成市场优势，达到优质优价，实现优质产品生产的良性循环。

**3. 不断开发创造新的需求**　随着消费结构的提升，市场将会创造出新的需求，对此，要捕捉消费的新苗头和火花，开发新产品，延伸产业链，开拓新市场。例如，全程冷链保鲜高品质产品，净菜加工半成品、熟制品等。

## （二）大力发展社会化综合服务，推进蔬菜产业现代化

中国农村人多地少，农民户均耕地仅有 0.47 公顷，不足美国的 1/400，不足法国的 1/110，不足韩国的 1/3，日本的 1/6，改革开放初期我们讨论如何赶超发达国家农业现代化时，感到除了强调国情特点外，这是一个几乎无解的命题，但基本经济规律和国际市场并不因国别不同而有不同的标准。20 世纪 90 年代开始的小麦机械收获跨区作业的成功实践，破解了我国农业现代化的难题，表明分散的小规模农业通过社会化服务可以实现大规模、高效率的现代化生产。这一模式现已扩展到了其他粮食作物，服务内容也扩展到播种、插秧、植保等耕种收全过程托管。蔬菜相比粮食生产，更为分散，规模更小，但同样面临着规模化、现代化的挑战。幸运的是，方向已经指明，道路已经开通，这就是通过专业化社会化的服务走上现代农业发展之路。当前的任务，是尽快借鉴粮食生产上成功的社会化服务模式和经验，结合蔬菜的特点进行试点、示范、总结，并推而广之。

提供社会化服务的主体，需要在产业发展中培育成长。原有基层农技推广机构、基层供销社，以及农资企业、其他新型农业经营主体等，都可以承接蔬菜生产专业外包服务。总之，社会化服务发展起来后，可以一举多得地解决蔬菜产业的许多痛点，把分散的蔬菜生产联结成规模化、集约化、专业化的生产，采用优质种苗农资、先进技术、机械化来提高蔬菜生产现代化水平，企业化运营也可解决"谁来种地"的问题，等等。这是一项既有长远意义又具现实需要、亟待积极开展的工作。

## （三）切实促进农机农艺相结合，加快蔬菜生产机械化

与我国主要粮食作物相比，目前蔬菜机械化水平非常低。据测算，全国蔬菜生产综合机械化率在 25% 左右，而小麦、水稻、玉米的综合机械化率到 2020 年分别达到了 96%、85%、90%。与世

界农业发达国家相比，美欧和日本等地除部分果菜和叶菜的收获尚需人工外，蔬菜生产各环节都基本实现了机械化，我国的差距巨大。我国的蔬菜机械化已到了必须加快发展的阶段。蔬菜机械化的最大难点在于蔬菜品种繁多、农艺复杂，因此，做好农艺与农机相结合就是蔬菜机械化的关键环节。蔬菜育种、栽培模式与农机设计制造、作业方式等应互为条件、相互促进，有的只要在农艺或农机上做一点非实质性的改动即可实现机械作业，有的则可能需要从作物品种改良、机械整体设计上进行改造和配套。总之，要切实采取有效方式和措施，大力推动农业与农机部门间、企业间、企业与科研单位间面对面的相向而行，而不是背靠背地各行其是，应尽快通过协同创新和集成创新取得突破性进展。

### （四）积极推进数字农业在蔬菜上应用，激发产业后发优势

信息技术是当今对产业发展影响最大的现代科学技术之一，它在农业上的应用方兴未艾，可以统称为数字农业。当前在蔬菜产业上有望优先取得发展的有以下几项。

**1. 物联网在设施蔬菜上的应用**　利用各种传感器实时记录设施微环境的小气候和土壤肥力要素变化等数据，通过网络连接到中央处理器，远程调控光温、水、肥、气和病虫防治等控制设备，已经在设施蔬菜中有所应用，但总的看目前还处于展示、探索阶段。下一步要针对不同作物和棚室进行深度研发，开发出各种蔬菜优质高产的数字模型，并通过网络技术实行光照、温度、空气湿度自动控制和精准浇水、供肥、施药，将物联网从展示走向实战，真正实现精准绿色优质高效生产。

**2. 农业机械与信息技术相融合**　随着现代科技的发展，原有概念上的农业机械与智能识别、精确传感、自动控制等高新技术相链接，以互联网、物联网、空间遥感和定位系统等为支撑，引入无人机等新装备系统，已经成为必选项，将带来农业包括蔬菜的新一代生产方式。这一科技浪潮滚滚向前，应当积极开拓更多的应用领

域，争取蔬菜产业在新技术装备的应用发展上后来居上。

**3. 大数据在蔬菜产业上的应用**　　大数据分析作为一项新的信息技术正在各个行业初显身手，从蔬菜产业看，它首先是产业经济宏观调控和微观决策的基础，前面说到的蔬菜供需均衡问题，靠固定信息点和抽样调查等传统信息工具很难胜任，最终将由大数据工具提出解决方案。同时它也是未来智慧农业的基础，智慧农业可理解为大数据＋人工智能，这也将是蔬菜产业现代化发展的远景形态。

### （五）努力创新流通营销模式，促进蔬菜市场结构改革优化

蔬菜达到供需平衡有余，全国大市场的形成功不可没。从地头收购交易—产地批发—销地批发—零售四级市场，形成完整的销售链条，并通过市场机制形成价格、配置货源、畅通物流，蔬菜全国大市场是社会主义市场经济的成功实践。从现代视角看，上述传统的蔬菜流通链条的形成与发展，虽有其历史的合理性，但也存在环节多、损耗大、成本高等弊端，有待进一步完善。今后完善这一流通链条的基本取向是减少环节，产销直达。

近年来，互联网经济的发展，对蔬菜等生鲜农产品提出了电商销售的新业态，当下兴起的多种网络销售和配送模式，占比有限、力量弱小，但它必定与传统批发市场共生共长。从趋势看，网络销售在特色品种、优质产品、品牌产品、加工产品的销售份额中将不断扩大，将创造和释放更大的消费需求，它的技术和模式的先进性及发展前景不可度量，必须予以充分重视。随着线上销售、冷链物流、无人配送车、智能机器人配送等的发展，必然会引起整个市场结构的变化，人们期待已久的减少流通环节、降低流通成本，从而提高整体经济效益的目标，有可能因这些新的经济要素的生成和加入、带来营销模式的创新而得以实现。

# 关于脱贫攻坚与乡村振兴
# 有机衔接的调研报告
## ——西藏昌都市调研印象与思考

范小建　等

西藏是全国唯一的省级集中连片深度贫困地区。根据 2015 年建档立卡数据，西藏昌都市建档立卡贫困人口占全区之首，贫困发生率仅次于阿里地区，居全区第二，选择昌都作为调研重点区域有一定代表性。

## 一、基本情况

**1. 调研基本情况**　以脱贫攻坚与乡村振兴有效衔接为主题，2020 年 8 月 11～30 日国务院扶贫开发领导小组专家咨询委员会范小建主任率调研组先后走访昌都市、拉萨市的 10 个区（县），走访察看移民搬迁安置点 16 个，入户访谈农牧民 24 户，考察了 8 个产业园区和 6 家扶贫企业，召开各种类型座谈会 8 场，还走访了 2 所搬迁地学校和 2 家市县级医院。调研行程从川藏交界的金沙江边、澜沧江畔到怒江两岸高海拔村落，行程近 2 000 公里，横贯三江上游地区。为深入调研，调研组在 4 000 多米海拔的洛隆县白托村住宿 2 天、在三岩片区迁出地乡政府宿舍借宿 2 天。调研取得圆满成果。

**2. 总体评价**　到 2019 年底，西藏 74 个贫困县区全部摘帽，按现行标准贫困发生率降为零，解决了区域性整体贫困，历史性地消除了绝对贫困。从实地调研情况看，经过多年的艰苦攻坚，昌都市建档立卡贫困人口"两不愁三保障"和饮水安全已经全面实现，巩固脱贫成果和防止返贫工作扎实，易地扶贫搬迁效果明显，"三岩片区"跨市整体搬迁进展比较顺利，产业扶贫初见成效，内生动力逐步增强，克服疫情影响增加本地就业等方面都给调研组留下深刻印象。昌都市在全区历年脱贫攻坚考核中取得优异成绩，代表西藏参加了习近平总书记在成都召开的打好脱贫攻坚战座谈会并做交流发言，值得充分肯定。调研组强烈地感觉到，作为曾经的深度贫困地区，昌都市的面貌发生了巨大而深刻的变化，呈现出一片欣欣向荣、繁荣发展的景象，人民群众特别是贫困群众的精神状态焕然一新，感恩领袖、感恩党、感恩社会主义、感恩新的生活，喜悦之情溢于言表，对未来充满信心与希望。

实践充分说明，党的十八大以来，以习近平同志为核心的党中央提出的关于打赢脱贫攻坚战的决定和治藏方略是完全正确的。在党中央的特殊关怀下，在全国人民的大力支持下，西藏自治区党委政府高举习近平新时代中国特色社会主义思想伟大旗帜，团结带领各族干部深入贯彻落实习近平总书记关于扶贫工作的重要论述，各方面共同努力，工作到位，取得了脱贫攻坚的决定性胜利，得到了广大群众的认可和衷心拥护。

## 二、需要研究的问题

**1. 脱贫攻坚成就巨大，但乡村振兴的起点比较低** 全国全面推进乡村振兴战略，起点不平衡，虽然都实现了脱贫攻坚的目标任务，但是西部地区、边疆地区、民族地区乡村振兴的起点明显偏低。数据显示，2019 年贫困人口的人均纯收入，昌都市（包括学生"三包"政策补助）为 9 342.35 元，而中国科学院精准扶贫评估中心的调查数据，全国为 10 336.03 元，昌都市为全国平均水平的 90%；而如果不包括学生"三包"补助收入，作同口径比较，昌都市仅为 7 702.35 元，只有全国的 75%。如果综合考虑基础设施和公共服务方面的不足，与内地的实际差距会更大。这种情况在西部偏远贫困地区有一定代表性。

**2. 脱贫攻坚成果与乡村振兴战略的衔接需要有全国统一部署，但西藏需要有符合自身实际的设计与安排** 全面推进乡村振兴，包括建立解决相对贫困机制，全国会有统一部署。但就西部地区而言，特别是西藏这样曾经是整体连片深度贫困地区，要充分考虑其特殊情况，研究制定符合当地实际的乡村振兴政策。要把"补短板"放在重要位置，在做好"四个不摘"的基础上，继续瞄准基础设施、公共服务、生态建设等方面的不足，加大投入力度，下大力量持续加以推进，并把提升内生动力作为重点问题加以解决。援藏工作要持续创新，在继续坚持内地省市、国企对口帮扶，组团式援藏等机制的基础上，结合"志智双扶"的要求，加大人才特别是各种实用技术人才的援助力度，从而提升当地各项事业发展的人才支撑。

**3. "两不愁三保障"目标已经实现，但防止返贫依然是长期任务** 西藏各县区已于 2019 年底全面脱贫摘帽，"两不愁三保障"目标已全面实现。同时在巩固脱贫成果、防止返贫方面做了大量工作，成效明显。但实事求是地讲，西藏的经济基础、产业基础都较薄弱，防止返贫的任务依然十分艰巨，而且是一项长期任务。一方面要看到，乡村振兴的起点还很低，"三保障"还有很大的提升空间。比如通乡通村道路解决了通达问题，但离通畅还存较大差距，更不要说进村入户。相应的基础设施、公共服务、产业发展等都不同程度存在发展短板。另一方面要看到，已脱贫群众收入水平还不高，结构问题突出，如昌都市脱贫人口人均纯收入中有 50.84% 是转移性收入；在工资性收入当中，有一半以上来自生态补偿岗位；包括虫草收入在内，生产经营性收入只占人均收入的 20.72%。内生动力不足，增收渠道狭窄和脆弱性问题非常明显，也不是短期内可以解决的。

**4. "四个不摘"有利于政策的连续与稳定，但乡村振兴的政策衔接需要明确一些基本原则** "四个不摘"是保障实现脱贫攻坚目标后向乡村振兴阶段平稳转型的必要安排，也是基础弱、底子薄的深度贫困地区巩固脱贫成果的底线要求。要确保一系列脱贫政策的延续性和稳定性，把巩固脱贫成果作为乡村振兴的题中应有之义，防止在政策调整和"退出"的过程中操之过急。

**5. 移民搬迁工作还会持续，在继续做好迁入地工作的同时，还需进一步完善迁出地的政策**　西藏易地扶贫搬迁和同步搬迁力度非常大，全区累计搬迁 26.6 万贫困人口，占全区脱贫人口 62.8 万人的 42.35%，昌都市这一比例更是超过一半。调研组发现，在深度贫困区域，条件恶劣地区，缺乏发展潜力的高山村落，仍存在比较强烈的搬迁需求，似应在乡村振兴过程中统筹予以考虑。从调研情况看，对于脱贫攻坚期间已搬迁的群众而言，迁入地工作力度大，群众整体比较满意。而迁出地一方，问题较多。比如旧宅复垦问题，政府的要求与群众的想法并不一致，复垦大多不到位；还有资产处置问题，有些迁出户目前收入来源的一半以上仍来自迁出地，如公益岗位补贴、草补、林补及种养业等收入，相关政策不明确会严重影响迁出群众的收入。保障迁出群众利益不受损害，并处理好与未搬迁户的关系，还需仔细研究。

**6. 产业扶贫要有更长远考虑**　近些年来，各地将"发展产业脱贫一批"作为脱贫攻坚的主要抓手强势推动，做了不少工作，取得了积极成效。但总体上仍处于起步阶段。在西藏，由于地形多变、气候复杂、资源分散、山高路远，一些农产品产量不高，生产和运输成本很高，难以形成规模，加之专业人才不足等因素，产业发展面临很多困难。考察的产业扶贫项目给我们提供了一些重要启示：一是农牧民思想观念的转变非常重要。由"惜杀惜售"到主动出售农畜产品，甚至接受"短期育肥"的理念，是一个深刻的思想转变，不但要克服传统观念的束缚，还要克服宗教思想的影响，非一日之功。二是"飞地经济"的积极意义要充分肯定。昌都市山高谷深、产业资源比较分散，有些村庄甚至整体不具备产业发展条件，这种情况下，在市县内发展"飞地经济"，为维护贫困户政策权益、发展集体经济提供了可能，是一个比较实际的选择。三是"对口援藏"机制对于产业项目发展至关重要。西藏自主培植大型龙头企业难度很大。在中央"对口援藏"机制下，内地企业落户西藏往往有更多政策推动，在各级政府支持下，企业行为更具持久性和稳定性，有利于形成稳定的带贫机制。这些启示对于全面推进乡村振兴具有重要借鉴意义。

**7. 扶贫资产的管理已迫在眉睫**　西藏过去5年积累了上千亿元的扶贫资产（各级财政投入738亿元，信贷资金83亿元，援藏资金168亿元），已成为乡村振兴的雄厚物质基础。但这些资产的产权不够清晰，所有权、经营权、收益权、处置权都不够明确，容易导致资产流失和损毁，矛盾比较突出。资产收益扶贫形成的"飞地经济"产权最容易模糊，所有权与经营权分离，收益分配如缺乏监督，极易产生监管漏洞。

**8. 内生动力不足依然是短板弱项**　乡村振兴要建立在内生动力不断提高的基础之上。为提升西藏贫困人口的内生动力，脱贫攻坚以来，西藏自治区安排生态补偿岗位66.66万个，成为贫困人口工资性收入占比大幅度提升的重要原因。在昌都市贫困群众人均纯收入中，工资性收入占27.27%，其中一半以上为生态岗位收入，真正的打工收入仅占人均纯收入的11.87%。下一步，在全面推进乡村振兴过程中，为提升内生动力，很难再找到类似生态补偿岗位这样的就业机会。但有些群众的就业观念仍然存在较大惰性。激发贫困群众自主创业、自力更生，勤劳致富的思想教育还需持续用力。

**9. 就业扶贫面临新考验**　与内生动力不足相反，面临生活环境和市场变化，部分群众的增收会遇到新的困难。卡若区卡若镇左巴村泽嘎家的儿子有驾车技术，过去两年收入也比较稳定可观，但随着卡若区2020年基建投资锐减，工程运输业务减少，2020年收入情况将不如往年，其原先考虑用扶贫贷款购置货车的计划也暂时搁置。类似现象在其他地方也有发现。在大环境趋紧背景下，如何提高农户的抗风险能力，保持其收入的稳定性，是在实现脱贫近期目标之后，需要考虑的一个深层次问题。

**10. 认识问题** 调研中普遍反映，脱贫工作由集中作战转为常态化推进是主要矛盾的变化所决定，是一种新的工作状态，而不是工作的"弱化"。乡村振兴要注重抓好"产业兴旺"，但不能把全面推进理解为只是产业扶贫。乡村振兴的机制体制要适应"全面推进"的需要。

# 三、建议

在中央第七次西藏工作座谈会上，习近平总书记指出：现在，最重要的是巩固脱贫成果。西藏经济基础、产业基础都较薄弱，脱贫人口持续稳定增收渠道狭窄，政策性收入在全部收入中的比例偏高，有的达到 50% 以上，存在很大返贫风险。要在巩固脱贫成果方面下更大功夫、想更多办法、给予更多后续帮扶支持，确保脱贫群众不返贫。为此，从巩固脱贫成果与乡村振兴有效衔接角度，提出以下建议。

**1. 保持清醒头脑，坚持一切从实际出发，补齐乡村振兴的短板** 全面推进乡村振兴建设，西藏地区、民族地区的起点相对于内地发达地区要更低一些，要尊重客观实际。这些地区乡村振兴的底子还比较薄，农牧民收入水平在全国范围还处于较低水平，需要下大力气继续加大在基础设施、基本公共服务、生态建设和产业组织化等各方面的投入，全面补齐乡村振兴的短板。

**2. 明确思想认识，立足"全面推进"，理顺体制机制** 脱贫攻坚已浸透到农村工作的方方面面。乡村振兴全面推进不仅表现在工作对象范围的扩大，而且也必然涉及农村工作的所有领域。"产业兴旺、生态宜居、乡风文明、治理有效、生活富裕"全面推进的同时，"水、电、路、讯、房、科、教、文、卫、保"哪项工作也不能少，只能继续推进，不能有所放松。乡村振兴的牵头部门要加大工作协调力度，在做好本部门职能工作的同时，协调其他各部门"全面推进"。西藏脱贫攻坚的组织运行机制值得研究借鉴。

**3. 巩固脱贫成果和防止返贫是一项长期任务，应当在乡村振兴中作为重点** 尽管实现了脱贫攻坚的目标，要巩固成果和防止返贫，政策上也的确需要有一个"过渡期"，这是平稳转型的基础。过渡期的难点在于，既要做好"四个不摘"，又要厘清哪些政策需要保留，哪些需要调整完善，哪些需要逐步退出。关键是"退出"，应该明确三个原则：一是以"确保稳定脱贫"为底线，二是不宜"操之过急"，三是分类施策、因户而异。某项政策整体不退，不等于某些农户就不能退。对于已经实现稳定脱贫的农户，如果长期享受现行扶贫政策，必然形成更大的"悬崖效应"，引发多数群众不满。必须像精准扶贫那样精准退出。同时，加快研究制定乡村振兴条件下解决相对贫困的政策措施，具备条件的可以由特惠转为普惠。以新政策覆盖老办法，也是一种积极的"退出"。

**4. 立足西藏实际，启动新的机制，明确奋斗目标** 不能等"过渡期"结束再启动，收官之日就是启动之时。党的十九届四中全会提出要坚决打赢脱贫攻坚战，巩固脱贫攻坚成果，建立解决相对贫困的长效机制。要通过全面推进乡村振兴和建立解决相对贫困长效机制，带动巩固脱贫成果和防止返贫的工作。要在充分调查研究的基础上，加快确定新的帮扶标准和标准调整办法、明确工作对象和范围，强化部门职责，确定帮扶政策和措施，建立新体系。对脱贫攻坚时期的深度贫困地区在政策上应该有所倾斜。

**5. 坚持整合涉农资金，保持投入稳定增长，完善涉农信贷政策** 脱贫攻坚期间涉农资金全部整合，力度大、效果好，为脱贫攻坚统揽经济社会全局提供了有力支撑，带动了整个农村贫困地区的发展，促进了总体任务的完成，也充分证明了这一政策措施的有效性。乡村振兴战略全面启动之后，应服务新的任务，继续保持这一政策的连续性和稳定性，在原有基础上进一步加大涉农资金投入和整合力度，保持"十四五"时期全社会固定资产投资稳定增长，取消地方政府投资配套。应扩大西藏农村小额信贷资金规模，完善鼓励政策，并将其作为激发内生动力的基本手段。

**6. 完善相关政策** 进一步完善产业扶贫、易地扶贫搬迁和扶贫资产管理等政策。一是对产业扶贫中"飞地经济"模式加以规范，加强管理与监督，促使其更好发挥保护贫困户政策权益和壮大集体经济的作用；对"对口援藏"中引进区外龙头企业的做法加以总结，以更好发挥其在乡村振兴中的产业带动作用。二是在乡村振兴中继续保留易地搬迁相关政策，持续改善农牧民群众生产生活条件，创造更加便利的就业环境，提高收入水平。三是完善易地扶贫搬迁迁入迁出地政策，统筹考虑旧宅复垦的必要性和资产处置对收入的影响，稳妥解决搬迁人口的后顾之忧。四是抓紧研究提出扶贫资产确权和管理的制度，摸清家底，划清责任，健全制度，加强监督，明确管理的职能部门，努力提高资产收益，实现保值增值，为乡村振兴提供坚实物质基础。

**7. 持续激发内生动力** 一是进一步加强村级"两委"组织建设，充实班子队伍，改善干部结构、提升整体素质。驻村工作队要按照"四个不摘"的原则继续保留。二是强化技能培训，按照习近平总书记关于："培养更多理工农医等紧缺人才，着眼经济社会发展和未来市场需求办好职业教育，科学设置学科，提高层次和水平，培养更多专业技能型实用人才"的指示，以实训或以工代训为主，提高当地群众的技能水平。三是培养致富带头人。发挥村内农牧民党员模范带头作用，鼓励返乡创业，开展多种形式的致富带头人培训。四是扭转群众就业观念，从"要我富"向"我要富"转变。通过开展"比学赶超帮"和脱贫致富先进评选等形式，营造勤劳致富的良好社会风气。五是提高农民组织化程度，包括产业和就业的组织化程度，积极应对市场风险，提高农户应变能力和抗风险能力。

# 关于粮食生产形势分析与对策建议

陈萌山　钟　钰

在早稻、夏粮、秋粮收获的关键季节，中国农业科学院"中国粮食发展研究课题组"先后赴豫皖赣吉黑 5 省的 10 个产粮大县，深入基层访谈调查，结合课题组粮食基点问卷统计，对 2020 年粮食生产形势进行了系统跟踪分析。

## 一、2020 年粮食生产再丰收，成为稳定国内经济社会安全的"战略后院"

2020 年粮食生产呈现的特点是：夏粮、早稻、秋粮三季齐丰，夏粮 1.43 亿吨，同比增长 0.9%，早稻 2 729 万吨，同比增长 3.9%，秋粮丰收在望；粮食面积、单产、总产三量齐稳，全年粮食面积稳定在 17 亿亩以上，单产将高于 2019 年 381 千克/亩的水平，总产将连续第六年稳定在 1.3 万亿斤以上；粮食布局、结构、品质三面齐优，粮食生产功能区综合生产能力进一步提升，种植结构进一步优化，优质粮比例大幅增加；粮食价格、流通、加工三链齐旺，各地粮食流通交易活跃，涌现一大批产业集聚、精深加工的新业态和新模式。

从推进粮食生产稳定发展因素看，主要有三条。一是稳定增加面积，着力调动农民种粮积极性，使粮食面积 2019 年比 2003 年增加 1 665 万公顷，占粮食增产因素的 36%；二是不断提升单产水平，重点是推广良种、建设高标准农田、科学施肥、统防统治和推进农业机械化，使粮食单产 2019 年比 2003 年增加 1 383 千克/公顷，占粮食增产因素的 64%；三是充分发挥主产区优势，目前全国 800 个产粮大县，粮食总产占 70% 以上，商品量占 80% 以上，调出量占 90% 以上。

我国粮食自 2004 年以来持续丰收，这在历史上和世界范围都是罕见的，美国在 1975—1979 年连续 5 年丰收，印度在 1996—2001 年连续 6 年丰收。我国粮食这种大面积、长时期、连续保持丰收的势头，展现的内在规律和发展趋势，正在改变千百年来靠天吃饭的传统生产局面，已经形成与基本国情相符合、与市场经济体制相适应、与国际形势相对接的中国特色粮食安全治理之道，在应对 2008 年金融危机和冰冻灾害，尤其是 2020 年应对突发新冠肺炎疫情等重大挑战中，粮食都是稳定国内经济社会安全的"战略后院"。

## 二、我国粮食生产的宝贵经验对制定"十四五"发展规划和 2035 年远景目标都具有重大意义

2004 以来，全国粮食连续 17 年丰收，我国粮食生产正在步入持续稳定发展的轨道，粮食安全保障机制正在加快形成，这些宝贵经验，主要有以下五条。

**1. 通过经营机制创新，逐步把种粮农户纳入现代农业发展轨道** 以农村土地"三权分置"变革为契机，在不改变农户土地承包权的前提下，充分搞活土地经营权，赋予种粮大户、合作社等新型经营主体更大的经营权能。通过发展土地入股、流转、托管等经营形式，与小农户建立更加紧密的合作关系，引入现代装备技术与管理理念改造传统小农生产方式，实现小农户与现代农业有机衔接，解决农户经营规模小、土地细碎化、经营者老龄化与兼业化等带来的挑战。

**2. 通过产业融合，逐步把粮食生产融入现代产业体系** 通过发展综合种养一体化模式、专业精深加工模式、三产融合模式，让

原粮加工增值增效，围绕主导产业带动包装、运储、金融等服务业，在一产内部、二产三产之间发展成紧密的要素和产品交换关系，推动粮食生产从自给自足向市场化、产业化转变。以规模效应、集聚效应吸引资金技术向农业、农村和农户聚集，分享现代产业的增值收益。

**3. 通过社会化、产业化、市场化多元服务，逐步让生产技术进村入户到田** 发展各环节技术服务，促进服务专业化、精深化，形成分工明确、互相支持的粮食生产社会化服务体系，依靠现代科学技术、营销理念、服务意识，培育了一支专业化的市场服务队伍，构建起与土地承包经营主体并行的另一类生产主体，解决了科技到村入田"最后一公里"难题。

**4. 通过农田基础设施建设，逐步解决自然灾害对粮食产量的波动影响** 压实政府农田基础设施建设"第一责任人"的责任，加大中央公共财政支持，通过藏粮于地、划定粮食功能区、高标准农田建设"三位一体"的农田基础设施建设体系，打牢抵御自然风险的物质技术基础，熨平自然灾害对产量造成的年际间波动。

**5. 通过政策激励，逐步解决主产区政府抓粮吃亏、农民种粮吃亏问题** 处理好粮食安全战略中生存与发展、公平与效率的矛盾，形成粮食发展的基本动力机制，解决两个"吃亏"困境。通过中央1号文件连续发力、政策持续支持，缓解主产区财政困难，解决产粮大县"吃亏"问题。丰富生产支持和保障措施，弥补种粮成本较高，解决粮农"吃亏"问题。在此基础上，深化粮食支持体系改革、繁荣粮食产业经济，探索出农户增收不依赖粮、地方抓粮不妨碍经济增长的高质量发展之路。

## 三、需要关注解决的几个问题

从发展看，当前我国粮食生产还面临一些问题，主要有以下三个。

**1. 控制粮食生产成本、提高市场竞争力的问题**　我国粮食生产成本与美国相比，2018 年每吨稻谷高 811 元，高出 48.4％；小麦高 1 003 元，高出 57.59％；玉米高 1 183 元，高出 122.94％；大豆高 3 119 元，高出 145.11％。中美粮食生产成本最大的差异在人工投入和地租，人工投入方面，中国占 30％～40％，美国不到 10％；地租方面，中国稻谷、小麦、玉米、大豆分别高出美国 42.94％、24.05％、78.41％、143.87％。解决粮食生产成本较高的问题，需要从土地入手。从调查看，每当惠粮政策强化后，地租价格顺势上涨；每当市场粮价看涨、种粮收益提高后，地租价格随即跟进；每当新的技术模式、种植方式推广成熟后，地租价格迅速推高。我们过去强调坚持、稳定和保护承包权是必要的，这是维护农村基本经营制度的前提。从深化改革的角度看，下一步，要聚焦经营权、搞活经营权、规范经营权，这是发展粮食规模经营、推进农业现代化的有效措施。

**2. 增加粮食主产区支持投入，保障地方政府持续抓粮积极性问题**　2020 年调研的农安等 10 个产粮大县，粮食总产量超过 1 300 万吨，占全国粮食产量的 2％，财政收入却仅有 150 多亿元，不到全国财政收入的千分之一。调查中，农安、五常等县的领导深有感触地讲，东北的黑土地，最大的优势是种粮食，用黑土地来招商引资"种工厂"，破坏了黑土地，效果也不好，我们都心疼。如果能让我们专心地为国家多种粮、种好粮，我们就不去搞那些不擅长的工业项目。

**3. 提高粮食生产水平、增强科技装备支撑能力问题**　2020 年 9 月、10 月的三场台风正面袭击东北，造成玉米大面积倒伏，增加了收获难度，但对产量影响较小。国产收割机收获效率不及原来的一半，亩收获费用翻了 4 倍，损耗高达 15％左右，而美国约翰迪尔、德国克拉斯的收割机能够很好应对倒伏，能做到效率高、损耗低。

# 四、对策建议

针对国内外形势变化，中央作出了以国内大循环为主、国内国外两个循环相互促进的战略布局。我们要抓住机遇，加快构建新时期国家粮食发展战略，进一步完善新时期粮食政策体系，为经济社会发展全局保驾护航。为此，提出如下建议。

**1. 构建以国内大循环为主的粮食发展体系**　我国经济对外依存度比较高，但粮食做到了"以我为主、立足国内"，口粮自给率持续保持100％以上。面对当前外部形势深刻变化，国际大循环动能明显减弱，我国粮食生产要始终立足国内，加强要素融合、主体对接和市场整合，形成更加稳定的服务国内大循环目标体系。

**2. 推进粮食主产区经济社会高质量发展**　推动主产区县域经济高质量发展，要制定面向全国800个产粮大县的"打包政策"。建议构建中央向主产区加大一般性转移支付、主销区向主产区补偿性转移支付的机制；对粮食加工企业的免（减）税优惠额度作为中央对主产县税收返还的核算依据；粮食产区兴办农产品加工业，企业用电按农用电计价；对产粮大县政府的绩效考核，应主要按粮食生产贡献。

**3. 强化种粮主体政策支持保障**　目的是提高种粮积极性，稳定粮食面积。构筑农业补贴、信贷政策、保险政策"三位一体"的联动支持体系，让种粮农户经济上不吃亏。有效规范地租价格，建议以县为单位，采用定级估价等方法，因地制宜确定地租，有效保障新型经营主体经营权。要进一步加大高标准农田建设力度，提高建设标准，提升应对灾害能力。

**4. 增强科技装备支撑能力**　大力推动市场主导型的农业技术社会化服务业发展，建立公共推广机构、社会力量并行的技术推广服务体系。建立大学生服务粮食新主体的特岗行动计划，吸引更多科技人才到基层工作和服务。大力推进良种工程、绿色植保、配方施肥、节水灌溉等技术革新，建立粮食长期稳定发展的动力机制。要推动国产农机装备向高质量发展转型，升级国产农机质量与效能。

**2020**

# 三、《判断与思考》简报专家文章

# 以生产促生态改善民生
# 推进河套灌区农业高质量发展

王秀东　谭光万　臧良震　闫　琰　韩昕儒

2019 年 9 月 18 日，习近平总书记在"黄河流域生态保护和高质量发展座谈会"指出，黄河流域生态保护和高质量发展，同京津冀协同发展、长江经济带发展、粤港澳大湾区建设、长三角一体化发展一样，是重大国家战略。为有关部门落实习近平总书记"加强对黄河流域生态保护和高质量发展的领导，抓紧开展顶层设计"提供依据，中国农业科学院农业战略研究室于 2019 年 10 月 11～14 日深入巴彦淖尔市、鄂尔多斯市和包头市等沿黄区域进行实地调研。我们发现，近年来河套灌区将农业生产与生态环境保护相结合，大力促进现代农业发展，有力推动了区域内农业生产和生态环境协同发展，但依然存在一些问题。

## 一、农业生产和生态保护现状

内蒙古自治区内的黄河流域沿线有农业、牧业、半农半牧旗（县、区）共计 28 个，河套灌区占据了重要位置，现有耕地面积 4 618 万亩，其中有效灌溉面积 2 125 万亩，占全区有效灌溉面积的 44.3%。流域内规模以上农畜产品加工企业 662 家，占全区 38.8%，国家级和自治区级农牧业产业化重点龙头企业分别有 21 家、311 家，占全区的 55.3% 和 51.8%。近年来河套灌区通过实施农业生产与生态环境协同发展的重大工程，在提高耕地综合生产能力的同时，一定程度推进了农业高质量发展。一是大力推进农业高效节水行动。将高标准农田建设项目向黄河流域地区倾斜，重点在主要粮油生产旗（县、区）开展高效节水灌溉为主的高标准农田建设，坚持水、田、林、电、路、渠、农技综合配套，实施水价综合改革，推动用水方式由粗放向节约集约转变。二是严守草原生态红线。严格执行基本草原保护、禁牧休牧、草畜平衡等制度，合理规划建设高产饲料地、网围栏，以草定畜，发展现代草原畜牧业。

河套灌区将农业生产与生态环保协同发展呈现出两个特征：一是形成了农牧结合的循环发展模式。通过开展粮改饲和优质饲草基地建设等系列工程，推动农业和畜牧业转型升级，实现了农牧业循环发展。二是形成了合理的农业区域分布。按照宜粮则粮、宜经则经、宜草则草、宜牧则牧、宜渔则渔、宜林则林的原则，形成适合自身发展的农业分布区域。

# 二、存在的主要问题

## （一）保障粮食安全的基础依然薄弱

河套灌区是我国重要的春小麦产区，在保障区域口粮安全方面发挥着重要作用，但水土资源供给不足、农户种粮积极性不高和麦后复种工作推进困难制约着春小麦的生产。

**1. 水土资源供给不足，难以支撑小麦继续增产**　首先，耕地盐碱化严重，耕地质量长期处于较低水平。以鄂尔多斯为例，沿黄河流域的达拉特旗、杭锦旗和准格尔旗次生盐渍化范围逐年扩大，待改良的盐碱化耕地面积约 100 万亩以上，占总耕地面积的 16%。有机质含量较低和土地盐渍化造成土壤肥力降低，严重影响了春小麦生产。其次，水资源匮乏制约粮食作物发展。河套灌区全面实行"总量控制"与"定额管理"相结合的灌溉用水制度，用水指标有限，黄河灌溉费用较高。据调查，农业用水水费由 2010 年平均每亩 50～60 元涨至 2019 年的 120～140 元。由于小麦比其他农作物多浇水近一倍，水费居高不下，增加了小麦生产成本。加之近年来引黄河灌溉水量严重短缺，灌溉不足大大影响小麦的产量。

**2. 小麦种植比较效益低，影响农户种粮积极性**　近年来，虽然小麦收购价格在不断上涨，但和玉米、向日葵、番茄等相比，种植小麦收益相对较低，挫伤了农户积极性。调研结果显示，在河套灌区种植小麦，亩产 700～800 斤，每斤 1～1.5 元，亩收入 1 000元左右，种子、人工等成本 400 元左右，收益在 600 元左右；种植玉米，亩产 1 500 斤左右，收益在 1 100 元左右；种植向日葵，由于种子价格较高，成本相比小麦和玉米高 100 元左右，亩产 400～500 斤，每斤 4 元左右，除去成本，收益在 1 300 元左右。

**3. 麦后复种工作面临困难，技术问题尚未解决**　受制于气候条件，河套地区农业生产一直是"一季有余、两季不足"，春小麦收获后还有 70～90 天可以用来复种。麦后复种可极大地改善土壤质量，避免来年小麦减产降质。但是，由于麦后复种需要增加投入且经济效益不稳定，农户积极性不高。目前，河套灌区还没有找到合适的、能够广泛推广的麦后复种作物和方式。如何综合考虑粮食生产、生态保护、农户增收的需求，选育和引进复种品种以及复种方式是目前河套灌区面临的重要问题。

## （二）农业高质量发展水平低

**1. 农业生产现代化水平不高，竞争力不强**　首先，农业机械化水平不高。目前，河套灌区的特色作物，如洋葱、蜜瓜等还靠人工收获，难以降低种植成本。其次，部分农产品产销衔接不到位。由于市场培育不健全，产业链延伸不够，地方区域公用品牌建设还较为滞后，导致部分农产品上市出现滞销现象。最后，抗风险能力差。河套地区在春夏两季易受极端天气影响，大风、沙尘暴、霜冻、冰雹、强降水、雷暴等天气混合发生，设施农业、玉米、瓜菜等极易受灾。连年重茬耕作使得主要粮食作物的病虫害发生频率呈上升趋势，加之防治经费严重不足，防治病虫害工作压力较大。

**2. 农业种植结构单一，品种更新慢**　沿河地区耕地质量较低，只适合种植以玉米、向日葵为主的大田农作物，不适宜种植特色高效经济作物。常年单一种植导致养分失衡，重茬危害趋重，农作物生长势弱，病害加重，产量降低，品质下降。农户普遍存在"去年的行情，今年的地，人家种啥，我种啥"的想法，作物品种更新慢。以小麦为例，目前，河套小麦生产应用的品种主要是20世纪80年代由宁夏引进的永良4号，品种退化严重，单产水平徘徊不前，品质下降。新品种更换速度慢，优质专用小麦在生产中占有比重很小。

**3. 优质优价体系尚未建立，农户收入受到影响**　首先，标准化生产技术推广难度大。农业标准化生产涉及内容多、覆盖面广，以乡镇农技站人员为主体的基层农技推广队伍技术更新慢，人员不足，经费缺乏，造成标准化生产技术指导服务滞后。其次，设施农业高效益没有充分体现。设施农业生产者技术水平整体不高，导致种植效益差异较大。掌握高新技术的种植户，温室亩均效益在5万元以上，个别能达到10万元，而大部分种植户亩均效益仅为3.5万元左右；在大棚生产上，以甜瓜为例，收入区间在0.4万～1.2万元，差距在3倍左右。最后，农产品可追溯体系建设滞后。河套灌区的高端农产品品优质佳，但由于没有可信的可追溯体系，有机产品没有"身份证"，高端消费者不认可，致使品牌溢价和增值作用发挥不明显，影响了农户收入和生产积极性。

## （三）生态环境保护任务艰巨

**1. 农业面源污染严重，药、肥、膜问题依然存在**　河套灌区内的化肥、农药使用量虽已实现了负增长，但在短期内实现实质性的下降还有较大难度，农牧业面源污染综合治理水平有待提升，生态环境保护任重道远。部分地区土壤沙化较严重，易漏水漏肥，距化肥和农药利用率40%的目标仍有差距。如鄂尔多斯市农作物化肥利用率仅为32%，农药利用率约为38%。地膜回收利用缺乏有效措施，导致废旧地膜回收率不足，耕地"白色"污染严重。如达拉特旗的废旧地膜回收率不足 50%，利用率几乎为零。

**2. 秸秆综合利用程度低，市场化体系尚未建立** 秸秆焚烧现象依然十分严重，秸秆收集的组织化、机械化、产业化程度仍较低，秸秆燃料化、肥料化、饲料化、原料化、基料化利用试验示范点和收储运体系建设严重不足，市场化体系尚不够完善，导致处理难度大、利用率低，尚未形成健全的利益生态链，秸秆有效利用率提升还面临较大障碍。

**3. 灌溉技术不足，水资源浪费和过度利用现象并存** 部分地区水资源过度利用现象严重，大量水资源浪费。部分地区灌溉技术不足，设施老化，水资源的过度利用导致灌区内其他区域水资源供给不足。

## 三、对策建议

### （一）以盐碱地综合治理和高标准农田建设为重点保障粮食安全

河套灌区耕地盐碱化是制约粮食安全保障能力的最大障碍，亟须以高标准农田建设为载体，开展整流域、系统性盐碱地综合治理。可先以"粮食生产功能区"划定范围为示范，一年内完成盐碱化耕地分布情况摸底调查。四年内依托国家、自治区和市（盟）、县（旗）等科研机构开展协同攻关，利用化学方法、物理方法、生物方法、水利技术、农业技术等改良措施，形成河套灌区盐碱地综合治理技术方案，作为高标准农田建设和验收的核心指标。再利用五年时间逐步实现河套灌区主要粮食产区盐碱地综合治理和高标准农田建设同步覆盖，全面解决河套灌区耕地盐碱化问题。

### （二）以品牌建设、农牧结合为核心推进农业高质量发展

一是提升打造河套特色农产品品牌力度。全力建设河套全域绿色有机高端农畜产品生产加工输出基地，以硬质小麦、向日葵、脱

水菜、番茄、羊肉等优质特色农产品为突破口,以"天赋河套"等区域公用品牌为载体加强品牌建设,编制品牌发展计划,制定完善扶持政策,培育和扶持发展"河套雪花粉"等产品名牌,增强品牌效应和价值。二是实施绿色优质农畜生产工程。依托粮食绿色高产高效创建项目,加大绿色增产增效新技术的推广力度,培育产业集群,实现全产品优质化和全过程绿色化,整体提升河套灌区农业高质量发展水平。三是开展农牧结合、生态平衡的高标准牧场建设试点。以五年为周期试点建设50个高标准牧场,初步形成具备河套灌区地方特色生态型现代化畜牧业发展模式。试点高标准农田种草和牧场内建设饲料生产设施,实现牧场范围内的以养定种、农畜平衡。

## (三) 以高效、节水、易维护为目标开展水利设施现代化改造

结合盐碱地综合治理,分"粮食生产功能区"示范和灌区全覆盖两阶段对20世纪中叶开始建设的水利设施进行现代化改造,实现高效、节水、易维护三大目标,推进水资源节约集约利用,保护黄河流域生态环境。一是按作物、分区域土壤类型合理轮灌,有效抑制灌溉水大量渗漏,实现水资源的高效利用。二是配套建设滴灌等设施,全面推广节水农业。三是在工程设计上降低维护难度,减少维护成本,确保用得长、用得起、修得起。

## (四) 以定向补贴、融合发展为手段保障农牧民分享生态红利

一是通过定向补贴补偿农牧民在各项设施建设过程中的经济损失以及转变生产方式前期增加的生产成本,确保农牧民不因生态保护和基础设施建设致贫、返贫。二是通过土地入股等措施保障农牧民利益,防止政策红利被少数群体独占。三是推进生产与生态的融合发展,延长产业链条,吸纳农牧民进入二产和三产领域,提升农牧民收入和福利水平。

# 新冠肺炎疫情影响下要发挥"三农"压舱石的战略作用

赵一夫　王丽红

2020 年是我国全面建成小康社会目标实现之年，是全面打赢脱贫攻坚战收官之年。面对新冠肺炎疫情影响和经济下行压力加大的复杂局面，国家经济社会安全稳定重于泰山，"三农"稳定发展为全国疫情抗战胜利提供了重要的支撑，发挥了我国经济社会平稳运行的"压舱石"作用。

## 一、"三农"为疫情下我国经济社会平稳发展压舱护航

**1. 发挥了农产品供给保障作用**　在抗疫初期，"封城"给一些地区蔬菜供给带来困难，农业农村部门主动作为、积极应对，抓好"米袋子""菜篮子"产品生产和供给工作，各地农民专业合作组织、农业种养大户纷纷响应，积极主动加入保供抗疫大军，保障了疫情防控需要的农产品供给，疫情重灾区、各大城市的农产品供给也得到了充足供应。总体上看，疫情期间全国主要农产品产能和供给充足，市场运行基本平稳。

**2. 发挥了社会稳定的支撑作用**　手中有粮，心中不慌。一方面，"三农"有效保障了国家粮食安全，为疫情影响下的社会稳定发展提供了基础和支撑；另一方面，乡村社会稳定为国家经济社会稳定作出了重要贡献。疫情暴发恰逢春节，外出务工农民大都返乡归家，这不但减轻了务工流入地区疫情防控压力，而且让农民一家

人团聚、守望相助。乡村基层结合当地实际，利用乡规民约、乡村广播、信息化、网格化等治理手段，全国 54.2 万个村民社区做到了守土有责、守土有方，有效预防了疫情在农村大范围扩散，为我国打赢抗疫阻击战作出了重要贡献。

**3. 发挥了全面小康的基础作用** 小康不小康，关键看老乡。"三农"是我国全面实现小康的短板，农业强、农村美、农民富是全面实现小康的重要目标。2020 年是我国全面建成小康社会目标实现之年，突如其来的新冠肺炎疫情，给贫困地区农业生产、农产品销售、农民增收带来一定影响，但没有影响到全面建成小康社会和完成扶贫攻坚任务的全局，"三农"工作有序开展，疫情防控和抓脱贫攻坚齐抓共管，为农民销售找渠道，为春耕生产供农资，为农民就业找岗位，为打赢扶贫攻坚战提供了坚实的保障。

**4. 发挥了就业增收的稳定作用** 近年来，我国城乡融合发展步伐加快，农村创新创业环境持续改善，吸引了一批农民工、城市白领返乡创业，一批高校毕业生、退役军人、科技人员和留学归国人员入乡创业，催生出了乡村新产业、新业态、新模式，为振兴乡村产业持续注入新动能、激发新活力。2020 年初，人力资源社会保障部、财政部、农业农村部印发了《关于进一步推动返乡入乡创业工作的意见》，在资金支持、创业培训、人才聘用等方面，为返乡入乡创业者提供大力支持，为农民工提供了在乡创业的新机遇。

**5. 发挥了深化改革的助推作用** 党的十八大以来，我国农村改革进入深水区。农村承包地"三权"分置改革有效保护了农民的土地财产权益。2020 年 1 月 1 日起，农村集体经营性建设用地入市在全国范围内合法运行，将进一步有效盘活城乡土地资源，激发乡村新产业新业态发展。农村集体产权制度改革保障了农民集体成员权利，提升了集体经济发展活力，释放了产权制度改革红利。到 2019 年 7 月，全国 59.2 万个村完成清产核资工作，超过 15 万个村完成了改革，确认集体成员 3 亿多人，累计向农民股金分红 3 738.7 亿元。

# 二、疫情下暴露出"三农"发展的突出短板

新冠肺炎疫情暴发后，暴露出我国"三农"领域的突出矛盾和短板，进一步形成了推动深化改革的强大动力。

**1. 乡村治理体系仍不健全**　在疫情防控中，乡村法治仍然滞后，乡村治理手段仍存在简单粗暴的倾向。例如，村民拒绝测体温、寻衅滋事、破坏警戒线、辱骂或持械威胁执勤人员、村干部违规封路、破坏公共基础设施等事件频频曝光。乡村治理中的农民主体地位仍然不足，在抗疫期间，乡村社会治理任务激增，然而治理主体仍以村"两委"干部、党员、村民小组长、村民代表为主，广大村民处于被动地位，导致很多村干部累倒甚至牺牲在抗疫一线。

**2. 农产品市场发育仍不充分**　抗疫期间，由于大型农产交易中心封闭，农产品长期依赖的线下交易几乎停转，交通运输不畅和交通管制，停工导致发货打包所需的纸箱、泡沫等包装材料短缺等，导致部分地区果蔬、花卉等产品滞销严重，农业生产因此受到较大影响，农民增收也遇到一定困难。这反映出当前我国农产品仓储、冷链物流、包装加工等基础设施建设滞后，农产品全产业链发展不足等农业发展短板。

**3. 城乡劳动力供给存在结构性短缺**　长期以来农村地区在向发达地区、向城镇大量输出劳动力的同时，本地也存在创新创业人才以及用工短缺的问题。抗疫期间，城乡劳动力供需失衡问题尤为突出。由于节前农村劳动力大量返乡、人口流动限制、部分劳动力在隔离或治疗、延期开工或停工政策等措施使得城乡劳动力供给短缺。据美国咨询公司高德纳（Gartner）估计，疫情的不确定性将使企业劳动力下降至少20%，并持续导致产量和产能下滑。

**4. 乡村人居环境建设短板突出**　疫情下的乡村人居环境建设短板突出。一是生活垃圾和污水处理整治任务艰巨，农普数据显示，2016年我国仍有26.1%的村没有实现生活垃圾集中处理或部

分集中处理，82.6%的村没有实现生活污水集中处理或部分集中处理。二是厕所革命任务艰巨，全国仍有 46.5%的村没有进行改厕。三是村民缺乏健康的生活习惯，庭院卫生、垃圾分类、口罩等医疗废物处理、厕所消毒等健康生活习惯没有养成。

**5. 乡村社会事业发展仍然比较滞后** 疫情之下更加突显乡村公共卫生服务短板，一是乡村卫生服务体系缺乏公共卫生突发事件的预警、防控、直报、救助机制；二是农村医疗卫生机构配置不充足、不合理、不平衡的现象更为突出，重症监护、隔离防控基础设施少之又少；三是乡村医疗服务体系难以支撑乡村医疗卫生需求的问题突出。乡镇级医疗机构硬件设施建设滞后、医疗队伍不健全，难以全面承担乡村卫生组织一体化管理职责，村级卫生室、村医难以满足村民的医疗需求。

## 三、思考与建议

新冠肺炎疫情给我国经济社会发展带来了诸多挑战，短期内也对"三农"发展带来了一定的负面效应。同时，在抗疫过程中，也催生了农村新产业新业态的发展，激发了乡村治理新手段，给"三农"发展带来新机遇。

**1. 加快农业供给侧结构性改革，大力发展农村新产业新业态，稳定农业农村发展的基本盘** 在新冠肺炎疫情防控期间，多地农村应用"智慧乡村"建设成果，积极开展防控工作的部署和宣传，现代农业园区积极利用自身渠道优势，采取线上线下多种途径，保障市场供应，经营收益不降反增。抗疫行动推动数字农业、数字乡村落地应用，这将进一步推动乡村新产业新业态发展。因此，应加快农业农村供给侧结构性改革，加大对农业农村数字经济的扶持力度，推动"互联网＋"乡村新产业的发展，加快数字农业、数字乡村发展的基础设施建设，加快乡村冷链物流、仓储和乡村快递业务发展。

**2. 调整城乡产业布局，引导要素资源合理配置，夯实农业农村的基础地位** 一是适应东部沿海等大城市产业升级的新形势，在乡村加大现代制造业等实体经济的布局，提升乡村和中西部地区对劳动密集型产业转移的承接能力。二是完善乡村市场化发展机制，完善社会资本进入乡村的机制，优化乡村营商环境。加快推动乡村集体经营性建设用地入市，农村土地承包经营权流转、抵押，有序推进乡村集体产权制度改革，明确乡村集体经济组织的特别市场法人地位。三是建立社会资本与乡村资源合作发展的利益联结机制，引导社会资本与当地村民发展相结合，通过产业联合体等模式，实现小农户与大市场的有效对接。

**3. 推动以人为本的新型城镇化，推进城乡融合发展，巩固农业农村的压舱石作用** 补齐"三农"短板离不开实施以人为本的新型城镇化战略，更离不开城乡融合发展。一是推动空间布局合理的城镇化，持续推进中小城市、特色城镇的布局和发展。二是推动就地城镇化发展，引导推动农村劳动力和农村人口的就近就业、在地转移，保护进城农民的合法权益，推动农民带着资产进入城镇。三是推动转移人口的市民化，取消征地转非的"逢征必转"等相关政策，实质性地落实城乡户籍制度一体化。四是推动城乡就业、社保、医疗、教育的融合发展，特别是以疫情为契机，着力加快完善和建设乡村公共卫生服务体系，健全乡村重大公共卫生防控体系。同时，加快分类推进农村"厕所革命"，加强厕所粪污治理，加快推进城乡公共卫生服务体系一体化。

**4. 推动乡村治理体系和治理能力现代化，推进乡村善治，筑牢农业农村战略后院基础** 乡村善治是推动农业农村现代化的重要目标，更是农业农村现代化的重要保障。一是在顶层设计上，要加快构建党全面领导的乡村制度体系，以社区为乡村治理载体，构建城乡一体的基层组织与管理体制。二是在治理方式上，要进一步健全乡村自治方式和治理结构，构建多元主体参与开放的多元化治理格局。三是在治理手段上，要加快智慧乡村建设，特别是乡镇级的数字化农村综合服务中心建设，推动信息技术在乡村治理中的应用。四是着力推动乡村法治建设，加大"三农"立法工作，加快构建法治乡村的制度体系，营造良好的乡村政治生态和公正的法治环境，筑牢农业农村战略后院基础。

# 新冠肺炎疫情对农户农旅
# 收入的影响与应对建议

郭君平　　赵一夫

近年来，休闲农业和乡村旅游（以下简称"农旅"）展现出强大的生机和广阔的前景，已成为乡村产业的新亮点。据统计，2017年，我国农旅从业人员达 900 万人，同比增长 6.51％；接待游客超 28 亿人次，同比增长 33.3％；营收超 7 400 亿元，同比增长 29.84％；带动 700 万户农民受益，同比增长 4.17％*。而且，国务院办公厅此前印发的《关于进一步促进旅游投资和消费的若干意见》，要求到 2020 年全国建成 6 000 个以上乡村旅游模范村，形成 10 万个以上休闲农业和乡村旅游特色村、300 万家农家乐，乡村旅游年接待游客超过 20 亿人次，受益农民 5 000 万人。照此发展目标，农旅业必将行稳致远。然而，突发的新冠肺炎疫情给农旅业带来一场"急速冻"，游客数量出现"断崖式"下跌。

## 一、宏观视角：疫情对农旅业的影响

通常情况下，农旅从业农户的收入水平与经营主体（企业、合作社及自营农户等）的经营效益、行业景气度等密切相关。农旅业景气度越好，经营主体获得良好经营效益的可能性越大，从业农户的收入水平就越高，反之则反是。因此，为了解新冠肺炎疫情对农户农旅收入的影响，首先需深度剖析此次疫情给农旅行业带来的

---

\* 数据来源：文化和旅游旅部发布的《全国乡村旅游发展监测报告（2017 年度）》。

"危"与"机"。

## （一）"危"：负面影响的特点

**1. 影响的后果严重性** 总体上，新冠肺炎疫情对农旅业的影响远超"非典"疫情，主要理由如下：一是相比"非典"疫情，新冠肺炎疫情的确诊人数更多、潜伏期更长、隐蔽性更强、传染性更高且控制难度更大。二是自武汉市"封城"后，全国各地陆续实施"封村封路"、交通管制、封闭隔离、设置关卡、延迟复工等严防严控措施，人员和物资流动受到更大范围、更大规模的限制。

**2. 影响的时间持续性** 比照我国境内类似引起肺部和呼吸道感染的 1910 年东北三省暴发的肺鼠疫和 2003 年的"非典"疫情，其时间轨迹基本相似且均持续了半年之久。再结合钟南山、张文宏等知名医学专家的判断和分析，我国疫情能否最终控制得住，在一定程度上还受国际疫情防控成效的影响。因此，从 2020 年初最乐观的估计来看，新冠肺炎疫情的发展阶段可大致分为暴发期（2019年 11 月至 2020 年 2 月底）、消退期（2020 年 3 月初至 5 月底）和疫后全面恢复期（2020 年 6 月初至 12 月底）。新冠肺炎疫情对农旅业的直接与间接影响至少会持续 1 年时间。

**3. 影响的区域差异性** 一方面，从各省的民宿客栈数量和"全国乡村旅游重点村"数量来看，云南、浙江、北京、四川、山东、福建、河北、广东、广西、湖南 10 个省份是我国农旅强省，而内蒙古、湖北、吉林、新疆、宁夏 5 个省份的农旅业最弱。另一方面，从新冠肺炎疫情的空间分布上看，长江中游城市群、中原城市群、成渝城市群、京津冀城市群、粤港澳大湾区城市群、长三角城市群六大城市群是疫情集聚区，其疫情确诊病例占全国的比重达90%。综合以上分析，上述城市群涉及的农旅强省首当其冲，受疫情影响最大、最广，而上述城市群未涉及的"农旅弱省"所受的影响则相对最微弱。

**4. 影响的业态差异性** 目前国内农旅主要有 3 种类型：一是

以"农家乐"和聚集村为主的休闲旅游；二是以自然景观、特色风貌和人文环境为主的生态旅游；三是依托田园景观，以健康养生为主的休闲旅游。更进一步，从农旅的最新业态来看，主要有国家农业公园、休闲农场/休闲牧场、乡村营地/运动公园/乡村公园、乡村庄园/酒店/会所、乡村博物馆/艺术村、市民农园（社区支持农园）、高科技农园/教育农园、农家乐（含"洋家乐"）、乡村民宿以及文化创意"农园"10 种，其中，不同业态对客流空间流动的依赖程度各异。就此而言，新冠肺炎疫情造成的全国旅客流动性大减，重创了那些强烈依赖客流量或"以旅游为主、农业为辅"的农旅业态，但对那些较小依赖客流量或"以农业为主、旅游为辅"的农旅业态的影响不大。

## （二）"机"：可能蕴含的新机遇

**1. 疫情中期：倒逼农旅优胜劣汰、转型升级**　近年来，我国农旅业虽发展迅猛，但普遍存在进入壁垒低、经营主体规模小、主题特色不鲜明、从业者素质能力低等问题。在此次疫情冲击下大浪淘沙，农旅业格局重新"洗牌"，供给侧质量将在一定程度上加速提升，集中体现在两方面：一是使抗风险能力小的经营主体或从业农户淘汰出局，二是倒逼实力较强的农旅经营主体转型升级，从业农户勤练内功。

**2. 疫情后期：农旅获得更多被选择的机会**　在新冠肺炎疫情基本控制或结束后的一定时期内，由于生产生活秩序逐步恢复，被抑制的农旅消费需求开始不断释放，但是出于对疫情的惧怕和各地管制政策的担忧，城市居民为慎重起见，多半不会将异地（或出境）中远程旅游作为首选。在此情形下，城市周边的短期、短途且低消费的农旅便会得到相对较多的替代机会，进而在危机中实现率先复苏。

**3. 疫情全程：农旅市场的需求潜力被激发**　自新冠肺炎疫情发生以来，城市居民被"禁足""禁旅"了较长时间，其外出观光、休闲、度假的心理需求被严重压抑，但与此同时也激发了他们对"回归自然、健康生活"的重视和追求。经此新冠肺炎疫情，山清水秀、生态优美的乡村环境对"久在樊笼里"的城市居民而言更具吸引力，因此，待疫情结束农旅必将迎来更大的市场机遇，或成为市民户外远足、亲近自然、有氧运动、平衡生活的主要途径。

## 二、微观视角：疫情对农户农旅收入的影响

农户的农旅收入可划分为财产性收入（租金和分红）、工资性收入和经营性收入三种。在新冠肺炎疫情的肆虐冲击下，农户农旅收入损失的多寡主要取决于疫情的持续时间、农户的收入结构以及农旅的季节性特征等因素。

**1. 对租金类财产性收入的影响**　对于已和农旅经营主体（公司或合作社）签订土地或房屋租赁协议的农户，其租金收入在合同期内不受疫情影响。但是，对于有待续签土地或房屋租赁协议的农户，其租金收入在疫情结束之前将会因续约被无限期延迟而发生短期或长期"断档"。

**2. 对分红类财产性收入的影响**　对于通过以土地或房屋折股量化的形式与农旅经营主体建立紧密利益联结机制的农户，其分红收入将因农旅经营主体整体营收下降而减少。从疫情拐点来看，疫情结束越晚，农户的年度分红收入将越少。据调查，目前北京市延庆区左邻右舍民宿因疫情影响导致农民分红减少 30% 左右，若疫情影响持续到"五一"假期，分红将减少 60% 以上。

**3. 对工资性收入的影响**　在农旅行业中，农户一般从事临时工、季节工、劳务派遣工、小时工等非正式工作，因此，从疫情发展的不同阶段来看，其工资性收入在疫情前期因全部停工而缺失，在疫情中期因部分复工或间歇性复工而有所恢复，在疫情后期将因基本（全面）复工而逐渐回归常态甚至有所增长。但总体而言，2020 年农户的农旅工资性收入在很大程度上会同比下降。

**4. 对经营性收入的影响**  农旅的淡旺季非常明显，农旅经营性收入将因疫情结束时点不同而有所差异。目前，农户的农旅经营性收入在疫情期间的损失已成定局，但未来"五一"、暑假、"十一"是继春节后最重要的黄金时节，农户的农旅经营性收入很可能在"疫后"迎来恢复性增长，甚或实现年度"扭亏为盈"，但难以超过 2019 年同期水平。据调查，受访农户对 2020 年此项收入的预期各异，多数农户估计全年农旅经营性收入将减少 30%～75%，也有一部分农户认为农旅经营性收入将损失 80%，当然还有少量农户表示此项收入不受疫情影响。

# 三、综合判断及促进农旅复苏、农户增收的建议

农旅业何时"解冻"？需多久恢复元气？年内可恢复到何种程度？回答这些问题，须结合宏观经济运行状况、国内外新冠肺炎疫情的防控形势、城乡居民的生活理念变化以及农旅业的恢复力等诸多因素进行全面考量。其一，当前我国经济已进入中低速增长阶段，受贸易摩擦、单边主义盛行等不利因素影响，经济结构调整和增长动能切换正处于关键时期，有序推动各行业复工复产势在必行、迫在眉睫。其二，在党中央、国务院的高度重视、严防死守、强力控制下，国内疫情防控已取得显著成效，时下虽存在境外输入性风险，但人民群众不会停止恢复正常生活秩序的步伐。其三，随着可支配收入的提高和城乡空间距离的缩短，城市居民越来越向往乡村美丽的风景、宁静的环境、清新的空气、淳朴的生活以及人与自然和谐相处的状态。其四，新冠肺炎疫情的潜伏、生成、暴发基本发生在农旅业的淡季（11 月至来年 1 月）和平季（2 月、3 月、6 月及 9 月），而疫情的衰退、消亡很大程度上出现在农旅业的旺季（4～5 月、7～8 月和 10 月）。因此，农旅业受新冠肺炎疫情的负面影响相比其他行业更轻微。其五，2003 年"非典"过后，旅游市场呈现"井喷"之势，以携程旅行网为例，其业务量从急刹车

到复苏反弹未超过 3 个月；相较而言，当前农旅业的体量、结构、内生动力、外部发展条件等已发生巨变，其抗风险和修复能力得到较大提高，未来复苏可期。

综上所述，我们认为：随着中央及各地的救市政策陆续出台，农旅业将大概率在"五一"假期前开始复苏，届时在整个旅游业中或成一枝独秀，但要恢复至疫前水平短期难度较大，尚需一年左右时间。有鉴于此，在当前及今后一段时期，如何化"危"为"机"，帮助农旅经营主体和从业农民将疫期的收入损失追补回来？可在"备""秀""转""活"上采取切实举措。

第一，"备"。充分利用"停摆"期，为迎接农旅市场全面复苏和新增长提前做足准备。一方面，夯实"硬"基础，加快农村人居环境整治、基础设施建设、开发新产品、升级改造硬件设备等；另一方面，增强"软"实力，着力提升经营管理水平、培育农民从业素质、优化配套服务、加强品牌文化建设等。

第二，"秀"。突破传统套路，创新宣传营销方式，充分发挥微信、微博、抖音、快手、秒拍、知乎、小红书、今日头条等各种新媒体的宣传作用，将农旅特有的生产生活方式、乡村景观和田园风光"秀出来"，以满足城市居民对农旅的诸种美好想象，从而为疫情过后农旅再次起飞积攒人气、树立口碑。

第三，"转"。引导农旅经营主体走以"内涵式发展"为途径的转型升级之路，逐步推动其由重三产转向重一产、重投入转向重运营、重设施转向重内容、重数量转向重创意、重建设转向重市场以及重短期转向重长远。

第四，"活"。对受疫情影响较大、暂时困难且有发展前景的农旅经营主体，要加大政策托底力度，保障基本生存能力。鼓励金融机构灵活采用延长还款期限、减免逾期利息或罚息、下调贷款利率、优化业务流程、开辟服务绿色通道、加大线上业务办理力度、简化授信申请材料、压缩授信审批时间、延期收取保费等方式，给予及时扶持，使其在特殊困难时期能够继续存活下来。

# 积极防范新冠肺炎疫情全球
# 流行对农产品市场的影响

邢晓荣　李　楠　田　甜

　　新冠肺炎疫情全球大暴发远超出预期，截至 2020 年 4 月 27 日，共有 200 多个国家和地区累计确诊病例超过 300 万例。疫情给世界带来了前所未有的冲击，对全球粮食供给、需求和贸易格局产生了重大影响。近期部分国家采取"自保模式"限制粮食产品出口或增加储备所引起的市场波动只是前奏，目前疫情持续蔓延的整体势头并未扭转，对全球经济和农产品市场的影响远未结束，引发全球性粮食危机的风险越来越高。我国农产品市场开放程度高，进口占世界十分之一以上，尽管目前口粮供求总体宽松，但用于养殖和加工的农产品进口量大，猪肉等肉类产品对进口的依赖也在提高，需积极防范近期疫情对全球农产品市场和粮食安全的冲击，尽早谋划，以超常规更大力度政策措施积极应对。

## 一、从市场条件看，目前全球粮食供给充裕、库存充足，价格相对稳定，不具备暴发全球粮食危机的基础

### 1. 全球粮食产量稳定，美国新一季农业生产受疫情影响有限

　　世界主要粮食生产国均处于疫情大暴发阶段，俄罗斯、巴西、加拿大、澳大利亚和荷兰等国确诊人数不断增加。美国作为世界第一大粮食出口国，截至 2020 年 5 月 9 日累计确诊已超过 100 万例。其中，小麦主产区得克萨斯州和华盛顿州累计确诊分别为 25 321

例和 13 686 例，大米主产区加利福尼亚州和路易斯安那州累计确诊分别为 45 175 例和 27 068 例，玉米主产区伊利诺伊州和印第安纳州累计确诊分别为 45 883 例和 15 961 例，大豆主产区除上述伊利诺伊州、印第安纳州外，俄亥俄州累计确认为 16 325 例。

相比而言，蔬菜、水果等劳动密集型产品因需大量人工劳作受疫情影响较大，而粮食作物属土地密集型产品，各主产国地广人稀、机械化程度高，生产受疫情影响有限。据美国农业部发布近期的种植意向报告显示，疫情并未影响目前正处于春播期的农民种植决策，预计 2020 年度美国玉米种植面积 9 700 万英亩*，同比增 8%；大豆 8 350 万英亩，同比增 10%，22 个州意向种植面积增加或保持不变；小麦种植面积小幅下降 1%，约 4 470 万英亩。据联合国粮食及农业组织（FAO）、美国农业部（USDA）和国际谷物协会（IGC）最新预测，2019/2020 年度主要粮食作物产量相对稳定，不会因疫情出现"供不应求"现象。上述三机构对小麦产量预测均达 7.6 亿吨，较上年度增长 4% 以上；玉米预测产量约 11.4 亿吨，FAO 预测增长 1.8%，USDA 和 IGC 预测小幅减少 1% 左右；大米预测产量约 5 亿吨，与 2018/2019 年度产量基本持平；大豆预测产量约 3.4 亿吨，较上年有所减少，其中 FAO 和 IGC 预测减幅约 5.9%，USDA 预测减幅约 4.7%。

**2. 全球粮食库存消费比与 2007—2008 年粮食危机时相比大幅改善** 库存消费比是衡量粮食安全的关键指标，FAO 认为全球库存消费比最低须达 17%～18% 才能保障世界粮食安全。从 FAO 近期预测看，2019—2020 年全球谷物贸易量 4.2 亿吨，库存量 8.6 亿吨，分别比 2007 年增加 54% 和 97%，谷物库存消费比 30%，比 2007 年提高 10 个百分点，小麦、稻谷库存消费比均达 35%，比 2007 年提高约 13 个百分点。

**3. 价格保持相对稳定** 大豆、玉米和小麦现货价格均呈下降

---

　　* 英亩为非法定计量单位，1 英亩＝4 046.72 平方米。

趋势，分别由 2020 年 1 月的 387.2 美元/吨、171.8 美元/吨和 224.5 美元/吨降至 3 月的 372.3 美元/吨、162.4 美元/吨和 209.1 美元/吨，分别小幅下降了 3%、2.4% 和 6%。从长期趋势看，目前全球谷物价格处于 2008 年金融危机后较低的位置，在供求关系相对宽松背景下短期内急剧上涨的可能性较小。

## 二、现阶段全球粮食贸易基本正常，疫情影响有限

**1. 已采取出口限制措施多为临时性且部分已取消** 据世贸组织统计，截至 4 月底已有 20 多个国家因新冠肺炎疫情对农产品贸易采取限制措施，其中有 12 个国家对粮食出口采取了限制措施，但均为临时性的。越南在对水稻生产与库存进行了一周评估后取消了临时限制大米出口政策，哈萨克斯坦也在 3 月底取消了面粉出口禁令。

**2. 主要出口国积极鼓励粮食出口** 目前，除俄罗斯限制粮食产品出口外，主要粮食出口国都积极采取措施，最大程度减少疫情对正常贸易流通的影响。美国在防控疫情的同时积极推动中美第一阶段协议实施，多个农业协会通过美国驻华大使传递合作意向，强调不会限制出口。巴西修正了疫情封锁令，允许 Faria、美国嘉吉、法国路易达孚和中粮集团等全球性贸易公司外运产品。阿根廷政府采取多项措施确保粮食生产和出口不受影响。俄罗斯虽发布了粮食出口限制措施，但对主要出口市场欧亚经济联盟内的伙伴仍保有一定量配额，影响较为有限。

**3. 全球海运指数截至目前保持良好** 波罗的海指数（BDI）月虽环比有所下降，但与 2019 年同期基本持平，未对正常贸易构成限制。巴西海关数据显示，1~3 月其大豆出口量呈快速增长趋势，3 月出口量为 1 332 万吨，其中对华装船量 1 000 万吨，创历史单月新高。美国大豆方面，据美国农业部出口检验周报数据显示，截

至 2020 年 4 月 30 日的一周，2019/2020 年度（始于 2019 年 9 月 1 日）出口检验总量累计约 3 418.6 万吨，同比增长 6.2%。

## 三、我国需积极防范的几个风险

新冠肺炎疫情在全球蔓延，很大程度改变和推翻了疫情暴发初期人们对全球经济和贸易影响的基本判断，全球粮食市场剧烈波动和爆发全球性粮食危机的风险依然很大。我国高度重视疫情对农产品价格和粮食安全的影响，坚实的粮食生产储备能力为全国人民端牢饭碗提供了保障。但我国作为全球第一大农产品进口国，农产品市场开放度高，国际市场对国内传导性强，需高度防范疫情全球蔓延和防控趋于常态化带来波动性和不确定性风险，做好长期应对准备。

**1. 积极应对疫情对全球农产品供应链的冲击**  相较于农产品产量，现阶段更应关注疫情对全球粮食供应链冲击。全球能实现粮食自给的国家仅 33 个，主要出口国为美国、巴西、阿根廷、加拿大、俄罗斯、澳大利亚等国家，全球 80% 的粮食流通掌握在美国 ADM、美国邦吉、美国嘉吉和法国路易达孚四大粮商手中，绝大多数发展中国家依靠进口保障供给。随着疫情持续扩散，若部分国家采取愈加严格的防控措施，有可能导致物流中断、交易停顿，危及正常的国际贸易活动，引发粮食市场短期供需结构性矛盾。近期这种不利影响已开始显现，正处于收获季节的巴西大型农场出现用工难、主要港口工人在岗数量不足等问题；阿根廷农场和谷物交易中心向食品加工厂供应大豆减半，部分港口已暂停港务活动。

我国九成以上大豆进口来自巴西、美国和阿根廷，九成高粱进口来自美国和阿根廷，六成以上食糖进口来自巴西等南美国家；受非洲猪瘟等因素影响，我国对肉类产品的进口需求持续扩大。2020 年是中美第一阶段协议实施首年，我国自美国进口需在 2017 年进口额基础上增加 125 亿美元，在全球疫情大流行背景下对我国提出了更高挑战。为此须及早防范疫情蔓延对全球供应链的冲击。一是要密切跟踪国际市场形势，分析其变化所产生的影响。二是妥善做好供应链中断的应对预案，通过设立专门粮食进口基金，抓住目前物流基本正常和市场价格尚处相对低位的时候，加大进口和储备力度。三是抓紧落实中美第一阶段经贸协议中油籽、肉类、谷物、棉花及水海产品等采购计划，掌握进口主动权和主导权。

**2. 高度防范主要粮食生产国限制出口引起全球性粮食危机的潜在风险** 历次全球粮食危机的教训表明，危机的引爆往往并非市场供求关系造成，而是各国政策干预过度。2008 年金融危机期间，一些国家为满足国内需求纷纷自保，出口国限制粮食外运，进口国担心价格上涨降低关税、拉高需求，市场原有供求关系被人为打破，价格被急剧推高，造成全球性粮食危机。从历史教训看，当前这种以邻为壑的政策措施引起全球粮食危机的可能性依然存在。2020 年，越南、柬埔寨等国相继宣布暂停大米出口导致全球大米价格出现迅速上涨，由 1 月初的 445 美元/吨增至 4 月初的 579 美元/吨，涨幅超过 30%，为近 7 年来最高水平。若其他粮食主产国家效仿跟进，必将进一步推高世界粮食产品价格。目前的粮食问题与 2008 年全球粮食危机时不同，目前全球粮食市场属于买方市场，尽管主要粮食出口国限制出口可能性很小，但近期一些苗头值得警惕。如主要粮食出口国俄罗斯宣布在 6 月之前将农产品出口量限制在 700 万吨，占全球小麦出口 3% 的哈萨克斯坦限制小麦出口。我国除大豆外其他主粮产品自给率高，现有出口限制措施不会从根本上影响粮食安全，但绝不能忽视其对粮食市场带来的扰动。考虑到美国疫情严重，又处大选年份，不排除特朗普政府为谋求连任采取超常规措施的可能。

为评估主要国家采取出口限制措施对我国主要粮食的市场扰动程度，我们测算了包括极端情形的三种情况，即美国对大豆、玉米和小麦采取 3 个月（目前国际上采取出口限制措施的最短时间）出口限制的极端情形。根据测算结果，在美国不采取出口限制措施、全球贸易维持现状的背景下，我国大豆、玉米和小麦价格将继续保持稳定，根据 2020 年以来价格走势，未来 3 个月国内大豆价格将上涨 1.3%，玉米上涨 0.1%，小麦下跌 2.4%。在美国对现有一半粮食产品出口采取限制 3 个月背景下，预计我国大豆价格将上涨 24.4%，玉米上涨 35.9%，小麦上涨 17.9%。在美国完全限制粮食产品出口 3 个月背景下，国内大豆价格将上涨 50.4%，玉米上涨 79.5%，小麦上涨 39.3%。粮食价格非正常暴涨不仅会冲击我国粮食安全基础，还会带动其他产品价格剧烈波动并冲击实体经济发展。

对此，要加强对国际市场的跟踪监测，管理好输入性粮食不稳定预期和风险，谨防市场恐慌、抢粮囤粮。加强国际粮食安全与贸易政策协调，确保全球农业与粮食供应链安全有效运转，积极支持和参与联合国机构开展的援助低收入、贫困国家粮食安全的国际合作，避免出现全球性恐慌抢购潮。

**3. 提早防范全球超常规量化宽松政策潜在影响** 为应对 2008 年金融危机各国采取的强刺激政策导致全球流动性过剩，大量国际投机资本大肆炒作粮食减产预期，引发市场恐慌，推动国际价格全面上涨，最终引发全球性粮食危机，其教训是深刻的。目前，疫情全球流行带来的风险性和不确定性更胜于金融危机，全球政策环境超常规宽松，很多国家酝酿新一轮刺激政策。粮食本身是人类生存所需的基本品，具备被再次炒作的可能。大量国际投机资本可能会利用疫情防控导致物流中断、出口限制等，通过引导舆论、制造行情，伺机炒作大豆等大宗农产品市场，推动全球农产品价格从结构性上涨转向全面上涨，酿成严重的世界粮食危机，直接威胁我国及其他发展中国家粮食安全。

近期金融市场波动对粮食市场价格强烈扰动信号已经出现。因欧美疫情恶化，美股分别在 3 月上中旬出现 4 次熔断。芝加哥期货交易所（CBOT）价格数据显示，玉米、小麦和大豆期货价格同期急剧波动，其中与金融市场走势最为密切的玉米期货价格由 3 月 4 日的 152.5 美元/吨降至 3 月 18 日的 132.5 美元/吨，两周时间的降幅高达 13.1％。

对此要早做预案，积极推进农业生产，抓紧补齐重要农产品供给保障短板，加强和完善重要农产品储备体系，建立高效安全可控的农产品应急供应保障网络。强化农产品全球供应链管理，进一步提高大豆等大宗进口农产品风险管理能力，通过及时发布信息等积极引导市场行为，把风险防控在前端。

# "十四五"我国农产品营养品质提升的主要思路与对策建议

王加启　郭燕枝　李哲敏　郭静利
龚加顺　马云倩　王　沛　孙经纶

　　"十四五"是全面建成小康社会向社会主义现代化建设迈进的重要时期。我国各类人群对食物营养消费需求发生了深刻变化，据有关单位测算，我国已有 4 亿多中等收入阶层，他们对食物营养消费不仅追求高质量，而且对其结构提出更高的要求。随着城镇化不断推进，每年平均将近 2 000 万农民进城，到"十四五"末，将近 2 亿农民工进城，与城镇居民同样的消费水平，尤其是我国已经进入老龄化社会，据测算，截至 2018 年底，60 周岁以上老人已达到 2.49 亿人，这类人群具有特殊的消费需求。总体看来，我国居民食物消费将从"数量安全型"逐步转变为"品质优良型"，大众对个性化、差异化的优质农产品消费需求将是人民对美好生活向往需要的重要体现。

## 一、提升农产品营养品质是践行人民至上、生命至上理念的重要举措

　　**1. 农产品营养品质提升是保障人民生命健康的重要前提**　党的十八大以来，以习近平同志为核心的党中央把维护人民健康摆在更加突出的位置，发出了建设健康中国的号召，明确了建设健康中国的大政方针和行动纲领。2020 年 9 月，习近平总书记在湖南考察时，强调在推动高质量发展上闯出新路子，在构建新发展格局上

展现新作为，指示要"提高农产品质量"。2018 年中央 1 号文件明确提出要实施质量兴农战略，深入推进农业优质化；《国民营养计划（2017—2030 年）》要求加大力度推进营养型优质食用农产品生产，编制食用农产品营养品质提升指导意见，提升优质农产品的营养水平。《"健康中国 2030"规划纲要》指出深入开展食物（农产品、食品）营养功能评价研究。《乡村振兴战略规划（2018—2022)》，提出要提升农业发展质量，加快现代化农业发展；加快建立农产品质量分级及产地准出、市场准入制度，培育提升农业品牌。《中国食物与营养发展纲要（2014—2020 年)》，要求在重视食物数量的同时，更加注重品质和质量安全，提高优质食物比重。这一系列重要政策都对农产品营养品质提升指出了方向，提出了新的要求。

**2. 农产品营养品质提升是提高我国农产品竞争力的重要手段**

当前农业的主要矛盾已经由总量不足转变为结构性矛盾，突出表现为结构性供过于求和供给不足并存，这直接关系到农产品质量安全和营养品质。为了解决这个问题，农业农村部将 2018 年确定为"农业质量年"，要求大力推进农业绿色化、优质化、特色化、品牌化的工作。2019 年 2 月，《国家质量兴农战略规划（2018—2022年)》，明确要求优质农产品供给数量大幅提升，口感更优、品质更优、营养更均衡、特色更鲜明，有效满足个性化、多样化、高品质的消费需求。通过一系列的重大政策措施，农产品营养品质得到大幅度提升，已经成为驱动农业转型升级的重要力量，也是提升农业竞争力的重要手段。

**3. 农产品营养品质提升是满足居民对美好生活向往的重要举措** 随着我国经济社会快速发展和人民生活水平的日益提高，与营养不足导致生长迟缓相并列的是营养过剩导致超重肥胖、营养素失衡导致隐形饥饿等问题，同时，由此引发的营养型慢性疾病高发等，越来越受到全社会的特别关注和高度重视。加之随着农产品供求关系变化和城乡居民安全消费意识提高，人们对农产品的需求已开始由"吃得饱"向"吃得好、吃得安全、吃得营养健康"转变。
多元化、个性化的需求显著增多，进口食品凭着营养、安全、健
康、品质的优势获得中国消费者的青睐。提升国内农产品营养品
质，增强农产品竞争力是落实全面建设社会主义现代化国家战略任
务的具体体现。

## 二、农产品营养品质提升面临新挑战

我国农产品营养品质现状难以满足各类群体对食物消费日益增
长的迫切需求，农产品营养品质提升面临新挑战。

**1. 农产品营养品质家底不清**　我国农产品品种众多，但农产
品营养品质基准数据空白，营养品质检测方法更是缺乏，农产品好
在哪里、特在哪里、优在哪里，缺乏科学数据支撑和评判依据。由
于我国食物资源质量及营养品质缺乏统一的标准，家底不清，无法
对生产者和市场实行优质优价，也不能为消费者提供科学合理的食
物营养指导。

**2. 农产品营养损耗严重**　受居民消费习惯和追求口感等影响，
农产品加工目标过度追求精、白、细，使营养受到严重损失，如小
麦过度加工，B族维生素和膳食纤维损失显著；稻米过度加工，B
族维生素会损失 60%。农产品加工副产物利用率低下。小麦、稻
谷等农产品加工副产品如米糠、饼粕、麸皮、稻壳、秸秆等，受加
工技术和加工设备的限制，利用率普遍偏低，这些副产品富含的B
族维生素等营养成分往往被浪费，大大影响农产品营养的有效
利用。

**3. 农产品营养品质提升制度体系不健全**　目前，我国农业标
准体系建设取得积极成效，农药残留、兽药残留等标准体系相对健
全，基本覆盖主要农产生产全过程和农业绿色发展重点领域，但涉
及的优质营养为核心的高质量标准，特别是满足健康消费的营养标
准体系尚未完全建立起来，主要表现在农产品营养品质监管体系、

追溯体系、评估体系、标准体系、信用体系、宣传体系等缺失、滞后或不健全。

# 三、"十四五"提升农产品营养品质的主要思路

"十四五"时期是我国全面建成小康社会、开启全面建设社会主义现代化国家的第一个五年，要以农产品营养品质数据监测和评价为切入点，以政策法规标准为保障，以科技为支撑，加快实现优质农产品生产、消费和营养一体化。

**1. 构建农产品营养品质基础数据系统** 提升农产品营养品质，首先需要有一套完整的数据系统支撑，该数据库作为全国主要农产品品质资源共享数据系统，是营养指导消费、消费引导生产的前提和基础，也是国家制定食物与营养发展纲要、制定农产品政策、科学研究必需的基础性资料。由于农产品营养品质涉及品种多、指标体系复杂、基础数据标准样品收集难度大、检测成本高、效益差，加之我国地域气候环境差异大等因素，建议该基础数据系统应由农业农村部牵头构建。

**3. 开展农产品品质特征及营养成分定期持续监测** 结合目前农业农村部开展的全国普查备案的特色农产品资源、已登记的地理标志农产品和国家级农产品地理标志示范样板，以及特色农产品资源营养品质普查，进行深化细化营养品质检测，争取做到有地理标识的农产品营养品质资源监测全覆盖。特别是不同产区、不同品种、不同种植养殖方式的粮油作物、果蔬、畜禽、水产品及特色农产品，要从特色营养成分、风味、口感、质地等方面筛选主要农产品的特征性品质指标，开展定期持续监测，并将监测结果定期向社会公布。

**3. 建立中国农产品营养数据和消费信息共享平台** 整合历史数据，建立面向全国、布局合理、数据翔实、持续滚动的中国农产品营养数据和消费信息共享平台，为科学研究、政府决策、企业生

产、公众消费提供数据支撑。

**4. 加快构建高品质农产品分等分级体系** 基于全国主要农产品的营养品质基础数据系统，建立农产品营养品质基准值，以此为标尺对农产品进行营养品质评价，构建农产品营养品质分等分级体系。创新优质农产品标签标识认证管理体系，规范农产品品质等级标签和标识，建立"一品一码"追溯管理制度，让消费者便捷识别高品质农产品的质量安全和营养评级信息；借鉴星级标识认证方法，根据不同星级个数代表不同的营养品质水平，操作简单，识别方便；倡导品质等级价差市场竞争机制，推进现代农业转型升级。

# 四、对策建议

加快农产品营养品质提升问题，是在我国经济快速发展、实现全面脱贫、全面建成小康社会的背景下提出来的。我国开启了全面建设社会主义现代化国家新征程，人均 GDP 将由 1 万美元向 3 万美元迈进，农产品营养品质提升显得更为突出，更为迫切，为此，提出以下建议。

**1. 加快构建农产品营养品质提升制度体系** 我国农产品营养品质提升工作还处于初级阶段，加强构建其制度体系势在必行。建议有关部门积极组织支持构建适合我国国情的农产品营养标准体系，建立农产品品质分等分级制度体系；完善标签标识及认证体系，并将营养型发展和优质食用农产品品质提升纳入农业部门有关规划。

**2. 加快推进微量营养素育种工作和农产品加工营养保持技术推广应用** 建议有关部门支持和鼓励通过现代生物技术与传统育种技术相结合的方法，培育微量营养素丰富的农作物新品种、新品系，如叶酸玉米、高锌小麦等，解决人群普遍存在的"隐形饥饿"问题。同时，通过加工技术创新，加快研发食品加工过程中的营养保持技术，减少加工过程中营养素的破坏和流失。

**3. 开展农产品营养品质科普与消费引导**  建议有关部门规范和统一各种农产品营养品质知识的宣传，禁止打着营养品质旗号，以商业为目的，进行虚假宣传。尽快搭建科学的宣传途径和公共科普平台，推进国家食物营养教育示范基地建设，开展舆情监测和营养宣教等。

# 附　　录

## 附录 1　中国农业科学院农业经济
## 与政策顾问团简介

为有效利用中国农业科学院"国家农业政策分析与决策支持系统重点开放实验室"政策分析平台，指导研究人员及博士后深入实际，调查研究我国农业和农村经济发展中的政策热点、重点和难点问题，为国家制定农业政策和解决"三农"问题提供科学的决策服务，充分发挥专家顾问的高层指导作用，中国农业科学院依托"国家农业政策分析与决策支持系统重点开放实验室"政策专家顾问组和博士后指导团，于 2005 年成立了"中国农业科学院农业经济与政策顾问团"（以下简称"顾问团"）。截至 2021年 2 月，顾问团成员共有 15 名。顾问团秘书处办公室设在中国农业科学院农业经济与发展研究所，负责顾问团日常事务安排与管理。

### 一、主要职能

1. 研究确定开放实验室年度研究主题和研究思路，对立题进行指导和审查，确保研究主题切合实际需要。

2. 对研究成果进行评估和把关，确保研究成果具有战略性、前瞻性和可行性。

3. 为开放实验室基础性、公益性研究工作提供指导，确保研究计划的针对性和指向性。

4. 指导拓展研究成果的转化和运用渠道，确保服务宏观决策的作用充分发挥。

5. 组织编制内部材料《判断与思考》，供国家有关部门和中央领导决策参考。

6. 指导博士后研究人员。

（1）为拟招聘入站的博士后研究人员，提出、确定研究选题。

（2）指导博士后年度招聘面试工作，评议确定年度初选博士后研究人员名单。

（3）指导新招聘博士后研究人员进行前期研究开题，对已招聘博士后研究人员的课题框架和工作内容，进行理论和实践指导。

（4）指导博士后研究人员开展调查研究工作，以及研究成果转化为政策建议。

（5）为博士后研究人员开展课题研究工作提供其他必要的支持。

## 二、运行管理

1. 顾问团每年开展活动，由秘书处根据需要事前提出议题建议，经与相关人员充分沟通后报请顾问团负责人审定。

2. 顾问团成员兼任博士后导师。

3. 顾问团的活动经费及博士后研究基金主要由中国农业科学院农业经济与发展研究所自筹解决，并争取有关部门、单位、机构的支持与资助。

4. 秘书处负责《判断与思考》的具体事务以及顾问团活动的安排与组织管理。

### 三、研究成果

1. 面向我国农业与农村经济发展的重大理论和现实问题，开展农业农村经济与政策相关研究，既要体现国家农业政策的前瞻布局，又要代表国家农业与农村经济的发展方向，同时能够满足省、市地方农业农村经济发展的需要，为国家解决"三农"问题提供决策参考。

2. 研究成果由顾问团和中国农业科学院农业经济与发展研究所共同所有。

# 附录 2　中国农业科学院农业经济 与政策顾问团成员

万宝瑞　国家食物与营养咨询委员会名誉主任、顾问团团长

翟虎渠　中国农业科学院原院长、顾问团副团长

尹成杰　原农业部常务副部长

刘志澄　中国农业经济学会名誉会长

陈晓华　全国政协农业和农村委员会副主任

江泽林　吉林省政协主席、党组书记

黄守宏　国务院研究室主任、党组书记

钱克明　全国政协常委、商务部副部长

马正其　国家市场监督管理总局原副局长、党组成员

薛　亮　中国农业科学院原党组书记

郭庚茂　全国政协提案委员会副主任

杨庆才　吉林省原副省长

马晓河　国家发展和改革委员会宏观经济研究院原副院长

范小建　原国务院扶贫办主任

陈萌山　中国农业科学院原党组书记

# 附录3　中国农业科学院农业经济与政策顾问团秘书处

**秘书长：**

　　梅旭荣　中国农业科学院副院长

**副秘书长：**

　　王晓举　中国农业科学院办公室主任

　　袁龙江　中国农业科学院农业经济与发展研究所所长

　　王加启　农业农村部食物与营养发展研究所所长

**办公室主任：**

　　孙东升　中国农业科学院农业经济与发展研究所副所长

　　王济民　中国农业科学院办公室副主任

图书在版编目（CIP）数据

2020 中国农业科学院农业经济与政策顾问团专家论文
集 / 顾问团秘书处编. —北京：中国农业出版社，
2021.5
ISBN 978-7-109-28072-4

Ⅰ.①2… Ⅱ.①顾… Ⅲ.①农业经济－中国－文集
②农业政策－中国－文集 Ⅳ.①F32-53

中国版本图书馆 CIP 数据核字（2021）第 054814 号

2020 中国农业科学院农业经济与政策顾问团专家论文集
2020 ZHONGGUO NONGYE KEXUEYUAN NONGYE JINGJI YU ZHENGCE
GUWENTUAN ZHUANJIA LUNWENJI

中国农业出版社出版
地址：北京市朝阳区麦子店街 18 号楼
邮编：100125
责任编辑：廖　宁　杨桂华
版式设计：王　晨　责任校对：吴丽婷
印刷：北京中兴印刷有限公司
版次：2021 年 5 月第 1 版
印次：2021 年 5 月北京第 1 次印刷
发行：新华书店北京发行所
开本：700mm×1000mm　1/16
印张：10
字数：200 千字
定价：78.00 元

版权所有·侵权必究
凡购买本社图书，如有印装质量问题，我社负责调换。
服务电话：010-59195115　010-59194918